はじめに

弊社刊行の月刊専門料理別冊『日本料理の四季』は、二〇一二年の43号をもちまして28年間にわたる歴史を閉じ、一区切りとさせていただきました。この単行本シリーズは、その流れを受け継ぐ形で、新たに始められたものです。日本料理の四季では月刊専門料理に掲載された日本料理記事を再録・編集していたために、ある程度のクラスの料理人を対象としてきましたが、この本ではすべて新規取材である強みを生かし、もう少し基礎に立ち帰った内容としています。献立の各項目と、基礎調味料という2本建ての構成にし、雑誌のようなスタイルでいろいろな情報を盛り込みました。新人はもちろん、ベテラン料理長にとっても有意義な本となることをめざしています。本書は「刺身と醤油の本」に続く第二弾。さらにシリーズの巻数を重ねていきたいと考えておりますので、どうかご愛顧のほどよろしくお願いいたします。

日本料理の四季編集部

目次

貝・甲殻類

肉

野菜と加工品

本書を使うにあたって

料理名は作者の命名にもとづいています。「真名鰹」と「真魚鰹」、「柚庵焼」と「祐庵焼」などは統一しておりません。「千代呂木」（ちょろぎ）や「千社塔」（ちしゃとう）といった慣用の当て字も採用しています。

作り方はおもに調理手順で、分量は最低限必要なものしか示しておりません。同じ一番だしでも店によって材料も作り方も大きく異なりますし、調味料や加熱温度で変わるからです。時間なども材料や道具によって変わりますので、あくまでも目安です。素材や好みに応じて調整してください。

撮影／越田悟全（14〜15、18〜35、42〜43、50〜51、56〜59、64〜65、70〜75）
高島不二男（6〜13、16〜17、36〜41、44〜49、52〜55、60〜63、66〜69、76〜80）

カバー協力／有馬古泉閣

装丁・デザイン／田島浩行

取材・編集／高松幸治　村山知子

焼き物の章

焼き物は、一見単純そうでいて奥の深い料理だ。たとえば魚の場合、焼き網ではなく串を打ってあぶるのは、皮が破れないようにするためだけではない。串で素材の形を固定し、火に当てる面を調整できるという利点がある。ここではそうした串打ちの基礎技術のほかに、焼き方の種類の整理や、素材別の各種料理例を披露。さらに炭やコンロ、ガスグリラーなどの道具の知識や、焼き物に添えるあしらいについても説明する。

炭の使い方

久保田完二

日常生活ではほとんど使わなくなってしまった炭は、使いたくとも扱いがわからない、という料理人も少なくないのでは。ここでは祇園の割烹「八寸」2代目の久保田完二氏に炭火のおこし方からしまい方までを実演していただくとともに、炭で実際に魚を焼く際のコツを示した。

炭火の特徴

炭火は赤外線をよく放出するので、表面がパリッと焼けるのが特徴。魚の場合、芯まで火が入ってパサパサにならないように、〝強火の遠火〟で焼くのが基本だ。熱っせられた空気で必要以上に加熱されないよう距離を離して、遠くまで届きやすい赤外線の輻射熱で焼いていく。素材と熱源の間の距離は、火床に鉄灸を渡して遠ざけたり、あるいは炭を積み上げて近づけるなどして調節する。また炭の量を増減したり、灰をかぶせたりすることで温度の高い場所と低い場所を作り分けることができるのが炭火の利点。全体に火力を強めたいときは、あおいで空気を送り込めばよい。

炭火は下からの加熱になるため、まず提供する側を下にして先に焼き、次に裏返して反対側を焼いて仕上げる。下側になった面にはにじみ出てきた脂が回るうえ、脂が滴り落ちると煙が上がり、見た目に汚なくなりやすいからである。脂が落ちる場合はあおいで炎が立たないようにするとよい。なおオープンキッチンの居酒屋などでは派手に見せようと、素材に油を塗るなどして、わざと炎を起こしている例をみかけるが、油煙がもうもうと上がって客席まで煙たくなるばかりか、発ガン性物質であるススがこびりついて苦くなるなど、百害あって一利なしの無駄な行為だ。

炭火の扱いの注意点としては、ガスや電気のように簡単に消せないために火災を起こさないよう気をつけるのはもちろんだが、不完全燃焼すると有毒な一酸化炭素を発生することも忘れないように。一酸化炭素は空気と比重があまり変わらず、無色無臭。炭を使っている最中は、充分に換気する必要がある。

田楽のような裏返せない素材を焼く場合、焼き網や火おこしに炭をのせて上からあぶる。

赤外線
波長が長くて目に見えない光。物質に当たり吸収されると熱になる。

鉄灸《てっきゅう》
火床の上に横に渡す金属の棒。

不完全燃焼
酸素が不足した状態で燃えること。通常炭素は燃えると酸素が結びついて二酸化炭素になるが、一つ少ない一酸化炭素を発生する。

炭に火をつける

1 備長炭。事前に炭を細かく割っておくと爆跳をある程度防げる。

2 焼き台の火床に、空気の通りがよいように、炭を互いに立てかけるようにして山形に組む。

3 別に炭を焼き網や火おこしにとり、ガスの弱火であぶって赤くなるまで熱する。消し炭を使うと火付きがよい。これを種火とする。

4 山形の炭の上に赤く火のついた種火をのせる。10分くらい待つと下の炭に火がつく。

5 急ぐ場合はうちわであおいでもよいが、冬は爆跳しやすいので、ゆっくりおこす。

炭を組む

1 火がついたら炭の山を崩して組み直す。

2 焼き台の壁際のほうには大きな炭を置くようにする。火床の中央はどうしても熱くなりやすいので小さな炭を置く。

3 手をかざして、全体が均等に熱くなっているかどうかを確かめる。

炭を消す

残った炭は灰の中に埋めて火を消す（水をかけるのは、灰が舞い上がり、焼き台も痛むので不可）。消しつぼに移して蓋をし、完全に消す。

爆跳《ばくちょう》
炭の中に閉じ込められていた水分が、急激に熱せられて水蒸気になった結果、炭が破裂して飛び散ること。途中で炭を継ぎ足した場合など、急に熱するとおきやすい。

火おこし
炭を加熱するのに用いる柄つきの鍋。

消し炭
前回使用した燃え残りの炭。

消しつぼ
空気を遮断して炭の火を消すための道具。

焼き方テクニック

川魚の塩焼

踊り串を打った尾頭付きの川魚は、形が複雑で火の通り方にムラがおきやすい素材。波打っていて焼けにくい部分の下には炭を多く積んで、火力を上げるとよい。とくに焦げやすいのは尾ビレで、化粧塩をして包む、アルミホイルで包む、鉄灸にちょうどのるようにして直接火であぶらないようにする、などの方法を取る。

1 モロコの体の外に露出している串に横串を通して、固定する。尾ビレは焦げないようにアルミホイルで覆う。

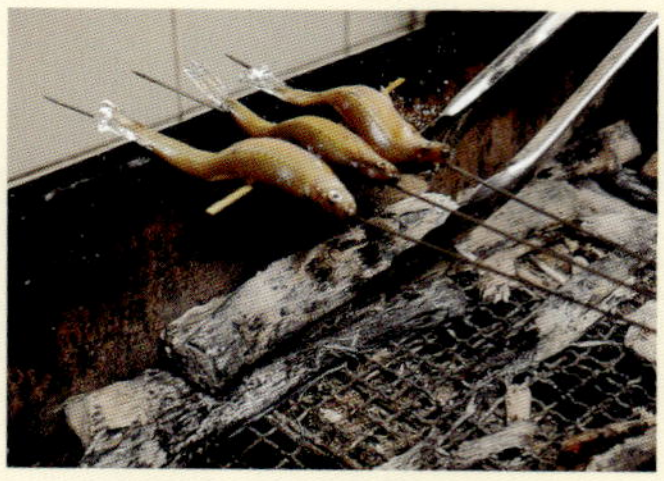

2 盛り付け時に表側になる面から焼く。魚の形がS字なため炭との距離が均等にならないので、横串の下には炭を多めに積んで炭を近づける。

3 裏返して反対側も焼く。炭を奥に移動し、尾の下あたりを高くする。最後にアルミホイルをはずして焦がさないように尾ビレも焼く。

鱒の幽庵焼

炭火は火力が強いのが利点だが、たれ焼や味噌漬などではそれがあだになって焦げやすい。とくに焦げやすいのは身が薄くて脂ののった腹身の部分なので、火力が強すぎたらその直下の炭をはずしたり、灰をかぶせて火力を下げるとよい。また、焼いている最中には串をひねって（素材は動かさず串だけ回転させる。串回しという）、串が焼きつくのを防ぐ。

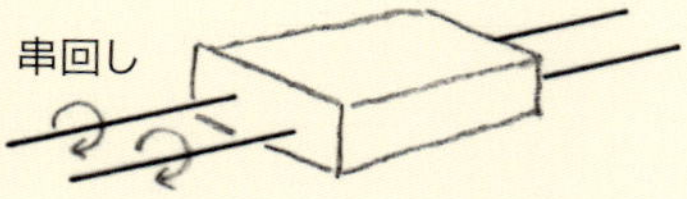

1 火床から炭を減らして火力を中火にする。

2 腹側が火力が弱い火床の壁際に、身の厚い背側が中央にくるように、2切れを向かい合うように並べて串を打ち、焦がさないように焼く。

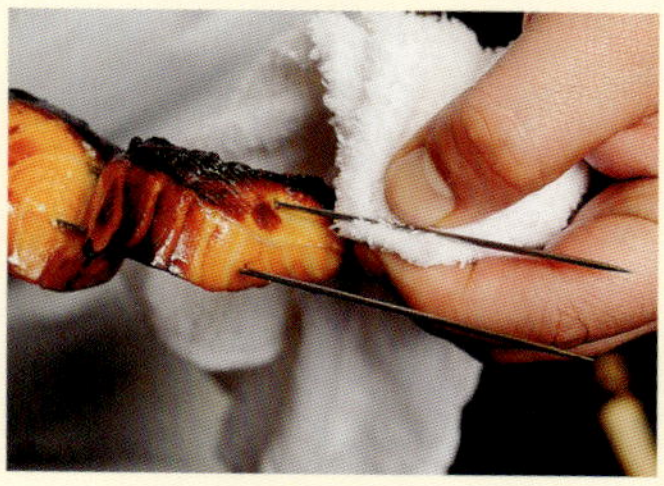

3 串の先のたれが焦げるので、串を抜く前にふき取る。

木炭の種類について

「紀州備長炭使用店」という看板はあちこちで見かけるが、そもそもどんなもので、バーベキュー炭とはどこが違うのかご存知だろうか。木炭は白炭と黒炭に分類され、白炭の一種である備長炭は日本の誇る文化のひとつ。ここでは木炭の種類についてまとめてみた。

協力／一般社団法人全国燃料協会
東京燃料林産株式会社

白炭

木炭は木材を炭焼き窯にぎっしりと詰めて空気を制限して焼成するが、焼き上がりの最終段階で窯口を開けて一気に空気を送り込み、温度を上げて作るのが白炭だ。燃え尽きないうちに掻き出して灰をかけて火を消すので、表面が白っぽくなるのが特徴。硬くて叩くと金属音がする。火つきは悪いが、いったん火がつくと長時間持つ（火持ちがいい）。丸木のまま焼いた「丸」はもっとも高く、縦に割って太さを揃えている「割」は、いろいろな樹齢の木が混じっているので安くなる。

紀州備長炭

水に沈むほど硬いウバメガシやカシから作られる白炭を、とくに備長炭と呼ぶ。江戸時代に和歌山県（紀州）で誕生し、当地の炭問屋の備中屋長左衛門の二文字をとってこの名がついたと言われている。和歌山県には、原木を細かく選別し、くさびを入れてまっすぐにしてから焼くなどの伝統技術があり、現在でもトップブランド。長い製品は叩いて折るので、他の産地より光沢がある。

紀州半丸

紀州割

紀州丸

土佐備長炭

和歌山県で生まれた備長炭の製造技術は、大分県や宮崎県などにも広がったが、高知県（土佐）は紀州と並ぶブランドだ。同じウバメガシから作っていても、その生育環境や炭焼き窯の木材の詰め方が、和歌山とは異なる。分類も紀州の「細丸」が土佐では「小丸」に相当するなど、独自の規格を持つ。長い製品はダイヤモンドカッターで切っているものが多く、断面は紀州備長ほど光っていない。

土佐割

土佐丸

輸入白炭

現在、白炭流通量の9割近くは輸入ものが占めている。ただしウバメガシではなく、似た材質の別の木が使われているため、現在の業界規格では備長炭と呼んではいけない。原木が異なるため火持ちが備長炭よりも短く、灰も多く出る。また選別や製法が雑なので、品質が一定していない。

中国産

中国では2004年に森林保護のために木炭の輸出が禁止されたが、なぜか今も出回っている。烏鋼《ウーガン》と呼ばれる木を焼いて作られる。

ラオス産

別名ラオチョウとも言われている。中国産に替わって近年増えてきた。

マレーシア産

海岸に生えるマングローブを焼いたもので、かつては南洋備長と呼ばれた。

黒炭

炭焼き窯で焼いたのち、窯口を密閉して消火したもので、樹皮が燃え尽きずに残っている。白炭より柔らかくて火つきがよく燃焼温度は備長炭よりも高いが、燃焼時間が短い。茶道で使われるお茶炭はこの黒炭で、断面の形から別名菊炭ともいう。お茶炭では大阪の池田炭がトップブランドだが、燃料用では岩手県や北海道で多く作られている。

岩手切炭

ナラから作られた炭で、黒炭の中でも火持ちがよく、燃え尽きるのに2時間強かかる。

燃料用木炭の規格（平成 23 年 3 月　一般社団法人全国燃料協会）

黒炭《こくたん》（くろずみ）	窯内（ようない）消火法により炭化したもので、木質材料は、防腐剤、防蟻剤、接着剤、塗料等の薬剤を使用していないもの。 品質基準：固定炭素 75%以上　発熱量 7,000kcal 以上 灰分 5%以下　水分 10%以下
白炭《はくたん》（しろずみ）	窯外（ようがい）消火法により炭化したもので、木質材料は、防腐剤、防蟻剤、接着剤、塗料等の薬剤を使用していないもの。 品質基準：固定炭素 85%以上　発熱量 6,800kcal 以上 灰分 5%以下　水分 10%以下
備長炭《びんちょうたん》	白炭のうちウバメガシ・カシを原料としたもので、木質材料は、防腐剤、防蟻剤、接着剤、塗料等の薬剤を使用していないもの。 品質基準：固定炭素 90%以上　発熱量 6,800kcal 以上 灰分 5%以下　水分 10%以下
オガ炭《たん》（黒）	黒炭のうちオガライトを原料としたもので、別に定める基準値以下とする。 品質基準：固定炭素 70%以上　発熱量 7,000kcal 以上 灰分 3.5%以下　水分 10%以下
オガ炭《たん》（白）	白炭のうちオガライトを原料としたもので、別に定める基準値以下とする。 品質基準：固定炭素 80%以上　発熱量 7,000kcal 以上 灰分 3.5%以下　水分 10%以下

■オガ炭（黒・白）の基準　鉛：10mg/kg、カドミウム：10mg/kg、ひ素：1mg/kg

オガ炭

オガライトから作られる筒状の炭で、黒炭、白炭の両方がある。火つきが悪くて火力がやや低い、灰が多く出て灰《はい》神楽《かぐら》が立ちやすい、穴のところから炎が上がる、などの欠点があるが、火力が安定していて火持ちがよく、安価。

おがくずを圧縮すると接着剤を用いなくても結着する性質を利用して、筒状に押し出し成型したもの。薪として利用される。

その他の燃料

かつては調理だけではなく、暖房にも使われていた各種庶民用の成型燃料。オガ炭と混同されているケースも見受けられるので、参考までに列挙する。

石炭の粉に接着剤、消臭剤などを加えて固めたもの。石炭臭は除ききれていないので、主にあんかやこたつなどの暖房に用いる。

石炭の粉に接着剤を加えてレンコンのような形に成型したもので、専用のコンロで用いる。屋外での調理や暖房に使われる。

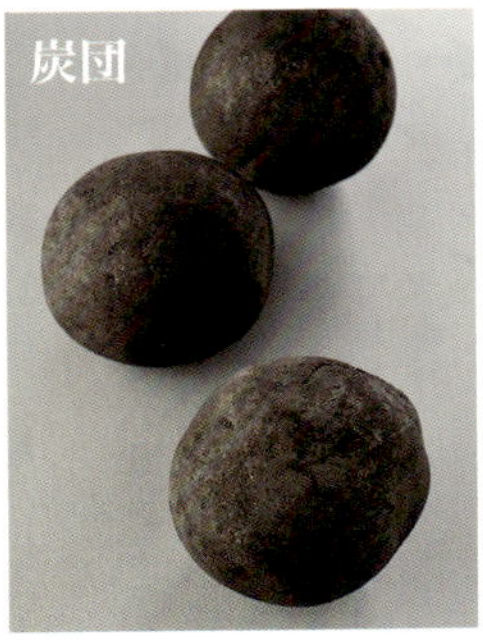

木炭の粉を丸めたもので、火鉢やこたつに用いられる。火力は弱いが長時間燃えることから、黒豆などを煮るのに使われた。

ガスグリラーの種類と特徴

協力／東京ガス業務用厨房ショールーム「チューボ汐留」

点火・消火がスイッチひとつででき、燃料代がもっとも安く済むのがガス火のグリラー（焼き台）だ。また炭のように下からではなく、上側から焼けるのも特徴の一つ。上火式は素材を裏返さずとも焼け具合が確認できるうえ、脂が落ちても煙が上がらないため、瞬く間に普及した。そんなガスグリラーの仕組みと種類を、ここにまとめてみよう。

　日本料理と、フライパンやオーブンで素材を焼く西洋料理とでは、同じ「焼く」でも熱源からの熱の伝わり方が違う。フライパンでは直接触れた部分が加熱される「伝導」で、オーブンでは庫内の中で熱風に包まれて加熱される「対流」で焼かれる（左図）。焚き火やガスの炎で直接素材をあぶる場合も対流での加熱だ。炎とは気体が燃えている状態で、素材はその中で熱せられているからだ。

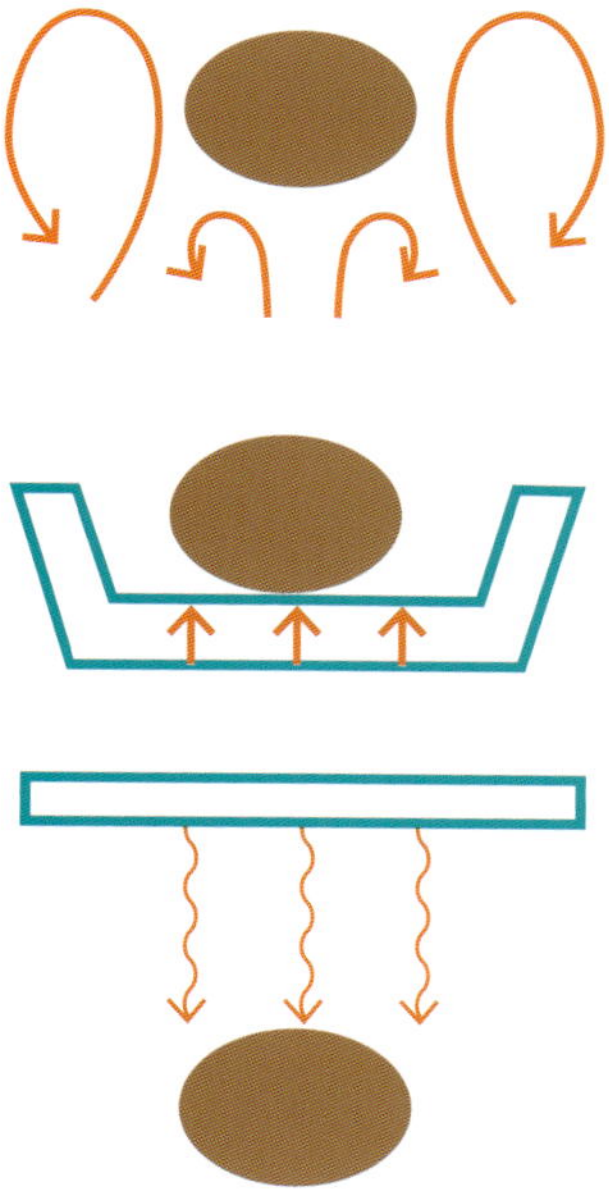

＊厳密には、フライパンの中でも対流は起こるし、オーブンでは素材が触れている天板や、上火の熱源からの輻射も起きる。

　それに対して炭火の焼き台で焼く日本料理の場合は、素材が熱源から離れており、オーブンのように密閉されていないので「輻射（放射ともいう）」で焼かれる。これは太陽の熱と同じ理屈で、赤外線が当たった面だけが熱くなる。真っ赤に輝く炭は見るからに熱そうだが、熱を与えているのは目に見えない赤外線であり、素材に吸収されると熱に変わる。ちなみに「遠赤外線効果で芯まで加熱される」とよく言われるが、これは誤り。素材に浸透するのは近赤外線のほうで、せいぜい数ミリである。むしろ遠赤外線が表面だけ加熱することで、芯までぱさぱさにならないのが、輻射加熱の利点である。

　ガスグリラーで焼く場合も、対流ではなく輻射での加熱である。ガスの炎で熱せられた鉄板やセラミック板から発生する赤外線で焼く仕組みになっている。

　ガスは電熱線や炭よりも一方向に向けての加熱が得意であり、その強みを生かしたのが上火式のグリラーだ。下火では熱気が立ち上るために、どうしても対流での加熱もともなうが、上火の場合は輻射の力のみで素材を焼くことができる。

　一方で、「修業時代から使い慣れてきた下火式で焼きたい」という需要も高い。またどちらの方式も使える両火式のグリラーもあり、最近では下火の熱源のほうが上下に動いて、素材との距離を調節できるというタイプの機種も登場している。

下火式ガスグリラー・円孔式

通常のガスの炎の上に金属製のカバーをかけて、そこを赤熱させて焼く仕組み。この製品はその上にセラミック製の黒い棒を縦に渡し、さらに金属製の擬似木炭をのせており、赤外線効果を高めている。擬似木炭の替わりに本物の炭を入れることも可能。

上火式ガスグリラー

シュバンク式の発熱体で上側から焼く構造。レバー手前に引けば素材をのせる台が持ち上がり、熱源からの距離を自由に調節できる。下火のグリラーでも素材を持ち上げて遠ざけることができるが、上火式のほうが可動距離が長い。

下火式ガスグリラー・シュバンク式

シュバンク式は、セラミック製の細かい網状の板から赤外線を出す仕組み。網目の中でガスが燃えて、板全体が赤熱する。板を覆う耐熱ガラス製の半円のカバーは脂が垂れて焦げつくのを防ぐもので、どうしても割れやすいのでチタン製のカバーを用いる製品もある。

花蓮根《はなれんこん》

レンコンの穴を生かして、花のような形にむいて甘酢に漬けたもの。穴に切れ目が入るようにむくと、雪輪蓮根や矢車蓮根となる。

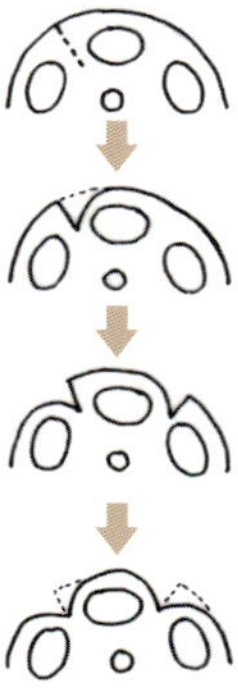

切れ目を入れる
穴に沿って丸く切る
ひっくりかえして
反対側から同様に

1 レンコンを作業しやすい長さに切り分ける。

2 穴と穴の間に縦に切り込みを入れては、切り込みにむかって穴の形に沿って丸くむきとる。(上イラスト参照)

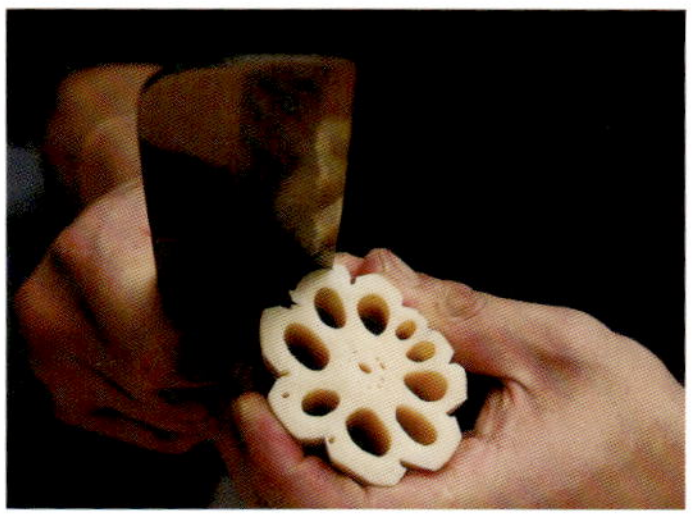

3 一通りむけたらレンコンの前後をひっくり返して、同様に丸くむきとる。

4 熱湯に酢を加える。

5 レンコンを入れてゆでる。

6 トウガラシを加えた割り甘酢に漬ける。

菊花大根《きっかだいこん》

菊の花のような形にむいたダイコンの甘酢漬けのことで、カブで作れば菊花蕪となる。中心に輪切りのトウガラシをのせてアクセントにする。

1 ダイコンの皮をむいて2cmほどの輪切りにし、切り落とさないように注意しながら、細かく包丁目を入れていく。

2 90度回して置き直す。先の包丁目に対して直角に、同様に包丁目を入れる。

3 手で押さえて、切り込みを少し広げる。4～5時間立て塩に浸ける。

4 さし昆布した割り甘酢に1時間浸けて味をしみ込ませる。水気を絞ってトウガラシを入れた新しい甘酢に浸けて保存する。

5 甘酢から引き上げて適当な大きさに切り分ける。

6 箸を使って切り込みをていねいに広げて菊の花の形にする。

染めおろし

醤油で味をつけた大根おろしのこと。ダイコンはおろしてすぐに提供しないと嫌なにおいがでてきてしまう。その場合は熱で酵素の働きを失わせて防ぐ。

1 ダイコンをおろす。竹製の鬼おろしを使うとよい。

2 布にとって軽く水気を絞る。

3 醤油、レモン汁を加えて混ぜ合わせる。

4 すぐに使わない場合。ダイコンをおろしたらザルにとり、上から熱湯をかける。

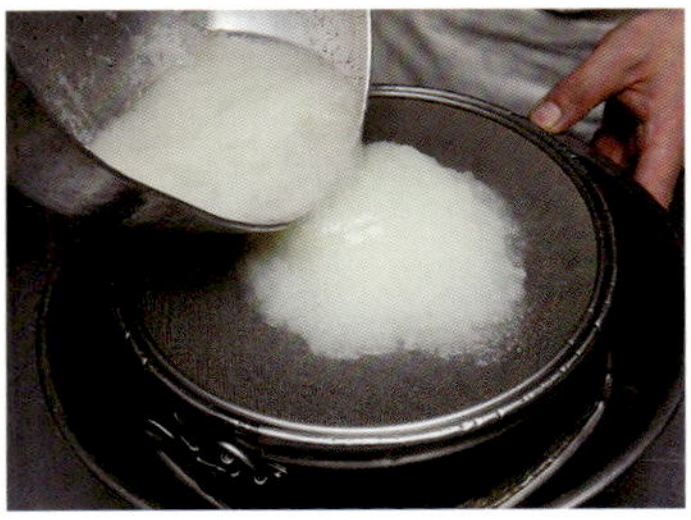

5 水に放って冷ました後、裏返したこし器に広げて水がきれるのを待つ。醤油、レモン汁を加える。

基礎編①

各種焼き方を整理する

森本泰宏

料理解説86頁

火であぶるか、熱したものに接触させるかして加熱するのが「焼く」という技法だ。液体の中で煮るわけではないので、加熱温度は100℃を越すことができ、香ばしさがつくのが特徴である。味のつけ方や熱の伝え方には各種方法があり、それを熟知すればバリエーションが広がる。「有馬温泉古泉閣」の森本料理長の協力のもと、ここにまとめてみた。

塩焼・干物

塩をふって焼くだけのシンプルな調理法。さらに塩をふった後に乾かす工程を踏んで干物にすると、保存性が高まるばかりか、生の状態にはない旨みが加わる。

タイの皮目を束ねた金串で突く。こうしてから塩をふることでしみ込みやすくする。

春日《かすが》小鯛姿焼

赤飯麩照り焼　黒豆松葉刺し

かけて焼く

調味料の味をつけたいが、漬け込むと味がつきすぎてしまう場合、上から注ぎかけては焼く作業を繰り返す。醤油や糖分が焦げることで香ばしさとおいしそうな焼き色もつく。

焼いては火からはずして調味料を上からかける。焼汁がしたたり落ちて、調味料にも複雑な味が加わる。

鮎風干し
瓜うるか和え
酸橘《すだち》

きんき浜干し
かぼす

細魚《さより》一夜干し
くちこ

鱒《ます》木の芽焼
蕪辛味巻

鰤《ぶり》照り焼
山葵おろし　菊花蕪

塗って焼く

簡単には流れ落ちない濃厚なたれをぬって、乾かすようにして焼く方法。上から加熱する天火を用いることによってはじめて可能になった技法だ。

イカに黄身だれを刷毛で塗る。塗っては焼く作業を繰り返すと、蝋を引いたようにきれいな黄色の層になる。

甘鯛酒焼

蝋《ろう》焼　はらみ烏賊
酸橘

漬けて焼く

調味液に漬け込んで味を染みこませてから焼く方法。素材の余分な水分が抜けるという利点もあるが、焦げやすいので調味液をよくふき取ることが大切だ。

柚庵地の中にマナガツオを漬ける。

真名鰹《まながつお》味噌漬
味噌納豆松葉刺し

鰤味噌漬
酢蓮根

甘鯛味噌漬
はじかみ

鰆《さわら》柚庵《ゆうあん》焼

挟んで焼く

すぐに燃え出さない素材で挟んで焼くことで、炎があたることを防ぐとともに、香りを移す。杉板焼は江戸時代に流行した料理で、歴史は古い。

杉板とサワラを調味液に浸けておき、引き上げたら水分をよくふき取る。杉板で挟み、竹のひも皮で縛る。

青竹焼

子持ち鮎麹漬

酢取り棒茗荷

鯛御神酒《おみき》板《いた》挟み焼

杉板焼

鰆　舞茸　銀杏《ぎんなん》松葉刺し

包んで焼く

「挟んで焼く」よりも柔らかい素材を使えば、密閉することが可能。蒸し焼状態になるとともに、香りが閉じ込められ、素材からにじみ出た焼汁が逃げない。

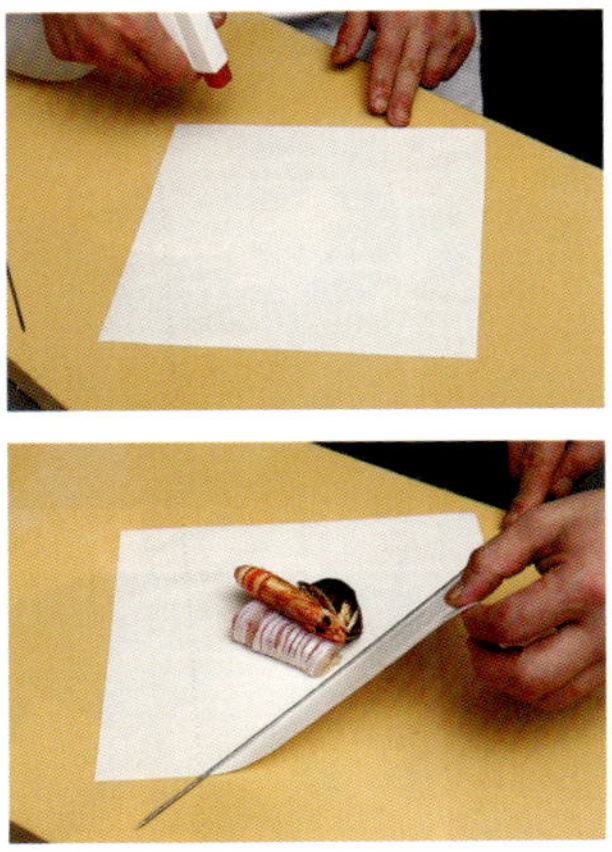

奉書紙を霧吹きで湿らせてから、アマダイなどの素材をのせて、金串を当ててまっすぐ折る。包めたら表面に塩をふる。

朴葉《ほうば》焼

かます黄身幽庵干し
大黒しめじ　蓮根煎餅
焼き青唐　酸橘

昆布包み焼

松葉蟹　小蕪　葱　松茸
割りぽん酢

奉書《ほうしょ》焼

甘鯛　松茸　車海老　銀杏
かぼす　割りぽん酢

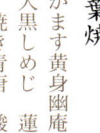

長島 博
築地本願寺 紫水
料理解説95頁

真魚鰹味噌柚庵《ゆうあん》焼

千枚蕪菊花巻

青寄せと卵で、片身替わりにかけた織部釉に見立てる

鰆《さわら》 織部《おりべ》焼

茗荷寿司

吉知次《きちじ》香り焼

ずんだ餅

長島 博
築地本願寺 紫水

料理解説98頁

水蛸燻《いぶ》し焼

長芋燻し
オリーブ　イタリアンパセリ

水蛸を桜のチップや
番茶の葉で燻製にする

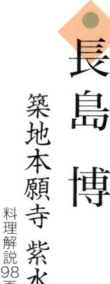

帆立酒盗《しゅとう》焼

石川芋田楽　シブレット

車海老鬼瓦焼

銀杏松葉さし

渡り蟹甲羅焼

巨峰白酢かけ

牡蠣柚子釜焼

酢取り生姜

牡蠣、海老、しめじなどの具を
玉味噌でからめて
柚子釜に入れて焼く

肉

久保田完二
割烹八寸

料理解説101頁

丸《まる》のつけ焼
しし唐

すっぽんのあらで作ったたれに
身を漬け込んでから焼き上げる

鶉《うずら》の身 丸《がん》 竹盛

長茄子鴨挟み焼

木の芽

野菜・加工品

森本泰宏
有馬温泉 古泉閣

料理解説102頁

フォワグラで作った生地を
大葉百合根で挟んで
もなかに見立てる

最中《もなか》百合根
黒松露

粟麩たれ焼

酢取り茗荷

海老芋大徳寺焼

焼き枝豆　菊膾《なます》

久保田完二

割烹八寸

料理解説104頁

椎茸三笠焼

金柑

湯葉二十枚巻西京焼

才巻海老　柚子

引き上げ湯葉を二十枚重ねて味噌漬にし筒状に巻いて串打ちする

田楽
柚子味噌　木の葉味噌　赤味噌

豆腐蒲焼
花百合根

長島 博
築地本願寺 紫水

料理解説108頁

焼物八寸

鯛姿焼
伊勢海老雲丹焼
焼松茸
酢取り蓮根
はじかみ生姜
酸橘

祝いの席につきものの鯛と伊勢海老の姿焼を大胆かつセンスよく

塩の章

塩は料理の原点だ。身体に必要不可欠なミネラルであるのはいうまでもなく、味つけの基本中の基本である。また塩で素材の水分を抜き、たんぱく質を変化させることは、調理工程の大事な要素でもある。ボラの卵巣が塩漬けにすることでカラスミへと変わるように、塩の働きを利用すれば素材の価値は何倍にも上がる。たかが塩とあなどるなかれ。塩を知り、使いこなすことが、料理を向上させる一歩につながるのだ。

変わり塩の作り方

三上文邦

塩に香辛料を混ぜ合わせた変わり塩は、抹茶塩や山椒塩、カレー塩が代表的だが、もっと工夫の余地がある。東京・立川の「天ぷらみかみ」主人にして、日本調理士金子一心会役員の天ぷら職人、三上文邦氏が色とりどりで異なる香りと味の変わり塩を提案する。

各種素材の乾燥粉末

木の芽

大葉ジソ

ニンジン

三つ葉

梅干し

万能ネギ

桜の花

野沢菜

ユズ

各種変わり塩は、柚子塩ならカニのようなユズの香りの合う素材の天ぷらと合わせるとよい。そのほかニンジンの天ぷらに同じ人参塩を添えることで、甘みや香りをより強調するという使い方もある。

レンコン

昆布

黒ゴマ

白ゴマ

ゴボウ

〈塩の準備〉

変わり塩に加える塩は適度に湿り気があったほうが香りが引き立つ。そのままだと湿りすぎている場合は、行平鍋で空煎りするか電子レンジで加熱するかして水分を飛ばした塩を適宜混ぜ合わせて、調整する。

〈混合粉末の準備〉

塩に混ぜる乾燥粉末は素材を乾燥させて、粉にしたもの。水分が多い素材はスポンジと和紙で挟んだり、焼き台の近くに並べたりして水分を除いてから、それぞれ電子レンジで加熱する。一度に加熱すると焦げる危険性があるので、数十秒単位で加熱しては冷ます作業を繰り返して、徐々に乾かすとよい。乾いたら、すり鉢ですって粉末にする。

〈調合〉

配合比は乾燥粉末2に対して塩1。塩は粉末と粒の大きさを揃えておくと混ざりやすい。これには金属製の裏ごしに入れて、裏返したお椀でこすりつけるようにして目を通すとよい。

〈その他注意点〉

・野沢菜、梅干し、桜の花は塩漬けを使う。野沢菜のみ塩味が強いので、塩抜きして水気を絞ってから乾燥させる。
・ユズはむいた皮から、白いワタを除いて用いる。電子レンジにかけすぎると色がとんでしまうので注意する。
・黒ゴマ、白ゴマは通常のゴマ塩ではなく、すり鉢で粗ずりして塩を混ぜる。
・シソ、木の芽は扇風機で風を当てて乾かし、それから電子レンジにかける。
・レンコン、ゴボウ、ニンジンは皮をむいたら洗ってすぐに粉にする。時間をおくとアクが回って黒く変色してしまう。

輸入

日本では使用されている塩のうち、家庭や料理店で使う量はたったの2%で、ほとんどは工業用や産業用だ。そのため以前から安いオーストラリアやメキシコの天日塩（粉砕しただけで洗浄されておらず、工業原料となるため「原塩」という）が輸入されてきたが、自由化で輸入先は格段に広まった。日本では岩塩が珍しかったため珍重されるが、世界全体では生産量の3分の2を占める。

天日塩

雨の降らない乾燥地帯では、海水を引いて強い日光の下にたださらすだけで、塩を作れる。こうして自然にゆっくりと結晶化した塩は乾燥していて純度が高く、粒子が大きく、岩塩と混同されやすい。一方、そこまで乾燥していない地域では、塩田で飽和して結晶化した塩を、海水の中からかき集めてすくい上げて取る。フランスのゲランド地方の塩が代表的だ。

15 原塩

17 ゲランドの塩 海の果実

16 ゲランドの塩 顆粒

18 ゲランドの塩 あら塩

岩塩

岩塩は元をたどれば太古の海水であり、長い年月をかけて結晶化した塩鉱や、濃い塩水の状態で溜まったものが原料となる。鉱石をただ砕いただけで作られた製品は硬いのが特徴で、含有成分で色がついているものもある。一方、塩鉱が原料でも、いったん水で溶かして、再結晶化させた製品もある。

20 ロレーヌ岩塩

22 SALE di ROCCA

19 アルペンザルツ

21 モートンソルトあら粒岩塩

23 ピンクロックソルト

塩の製法と表示

今の若い料理人たちは、つい20年ほど前は、厨房で使える塩の銘柄はほんの数種類に限られていたことなど思いもよらないのではあるまいか…。そんなふうに想像してしまうほど、現代の日本にはさまざまな国内メーカーの製品や世界各地からの輸入の塩があふれている。塩は戦前から専売制度の下で、製造も流通も国が管理していたのが、1997年から自由化に移行しはじめ、2002年には完全自由化したことによる。

現在日本に出回る塩のうち、食卓に挙がるものは消費量のほんの2%にすぎず、醤油や漬物などに使う業務用を含めても12%、残る88%はソーダ工業用である(平成24年度)。このように工業用が大部分を占める今の時代にあっては、「生活に不可欠な塩を国民に安定供給するために国が管理する」という専売制度の大義は薄れていた。その一方で商品アイテムが絞られ、選択肢が狭いという弊害のほうが大きくなっていた。

戦前作られてきた塩は技術が未熟だったことから、不純物を含んだ黒ずんだものや、空気中の湿気で溶けやすい塩化マグネシウムを主体とする「にがり」を多く含むものもあり、べたべたしていて使いづらかった。そのため戦後の専売公社が扱う塩は、塩化ナトリウムの純度の高さとさらさらした使いやすさに重きがおかれてきたが、それではすべてのニーズをカバーしきれるものではなかった。たとえば漬物を作る場合、塩化マグネシウムが含まれた塩を使ったほうが歯ごたえがよくなるため、純度の高い塩は歓迎されなかった。

1970年代に入って海水から許可なく塩を製造・販売することが禁じられたことから、専売制度で定められた画一的な塩に飽き足らない人たちや、昔ながらの塩を求める人たちは、販売目的ではない研究会を立ち上げたり、海水ではなく海外の塩ににがりを加えて再加工したり、ワカメを混ぜ込んで塩ではなく調味塩のスタイルをとってみたりと、いろいろな方法で以前の塩を再現しようとしてきた。そうした苦労も、自由化によって報いられることになったのである。

表示ルール作りの動き

ところが自由化以降、市場に

〈国産〉

①原材料 ②工程 ③特徴

赤穂あらなみの焼塩 78頁⑤

①海水(赤穂) ②イオン膜、立釜、高温焼成 ③赤穂の海水から作られた塩を500℃で焼成。

天塩やきしお 78頁⑥

①天日塩 (オーストラリア)、にがり ②溶解、立釜、混合、高温焼成 ③にがりを含む天塩の成分特性を生かしつつ、焼くことでさらさらに。

あらなみ天日塩 79頁⑦

①天日塩 (オーストラリア)、にがり ②混合 ③オーストラリア産の天日塩に赤穂産のにがりを混合。

沖縄の塩シママース 79頁⑧

①天日塩(メキシコまたはオーストラリア)、海水(沖縄) ②溶解、平釜 ③89.3%の天日塩と10.7%の沖縄の海水が原料。

出回る塩のアイテムがどっと増えた結果、しばらくは混乱が見られたのも事実だ。

たとえば塩は衛生上、重金属が含まれないほうが本来望ましいことなのに、いたずらに含有元素の種類の多さを競う向きもあった。塩化ナトリウムの含有率が90％の製品が、残りの10％はすべてミネラルのように謳ってしまう（実はそのほとんどが水だったのだが）といった作り手や売り手側の誤解も見られた。

そこで自由化時代の新しいルール作りが必要となり、長い準備期間を経て、２００８年に食用塩公正競争規約が定められるとともに、食用塩公正取引協議会が設立された。協議会は会員企業の商品に対して審査を行ない、商品情報をルールにのっとって正しく表示していることを保証する「公正マーク」を発行。このマークがついている商品ならば、日本の塩も海外の塩も、何が原料でどんな製法で作られたのかが一目でわかるようになった。

雨が多い日本での塩作りは、概して海外の製品よりも複雑だ。まずは塩分の濃い鹹水を作り、それを結晶化させるという二段階の方式をとるものがほとんどを占める。その点、公正マークの入った商品では、そうした工程が明らかにされている。

原材料名としては「海水」「海塩」「岩塩」「湖塩」「天日塩」のいずれかを明記。工程としては「イオン膜」「逆浸透膜」「溶解」「浸漬」「天日」「平釜」「立釜」「噴霧乾燥」「加熱ドラム」「乾燥」「粉砕」「焼成」「混合」「洗浄」「造粒」「採掘」の16種の用語をもって示されることになった（表1）。また「フレーク塩」や「焼き塩」といった用語の定義も定められた（表2）。また成分表示については、通常の食品と同様に、健康増進法の食品成分表示にしたがって表示するようになり、わかりやすくなった。

なおこの規約では塩を直接修飾する表現として「天然」や「自然」といった誤解を招く表現を使うことは禁止されている。

かつて、効率のよいイオン膜と真空蒸発缶で作る専売公社が扱う塩に対して、昔ながらの天日や平釜で作る塩は、「自然塩」「天然塩」と称されてきた経緯がある。前者は純度の高い「化学塩」であり、ミネラルが含まれる昔ながらの塩こそが自然に近いという認識もあった。

しかしイオン膜で鹹水を作り、真空蒸発缶で蒸発させようとも、原料は同じ海水だ。天日や平釜も海水の成分そのままを結晶化させているのではなく、その中から塩化ナトリウムを選択的に取り出しており、その点ではなんら変わらない。

また赤い蓋の小瓶に入って売られている「食卓塩」は、原料

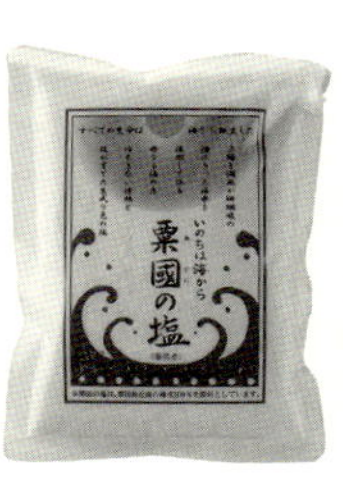

粟国の塩 79頁⑨

①海水(沖縄・粟国島) ②天日、平釜 ③枝条架の採鹹タワーで蒸発濃縮、平釜で30時間加熱。約1カ月かけて完成。

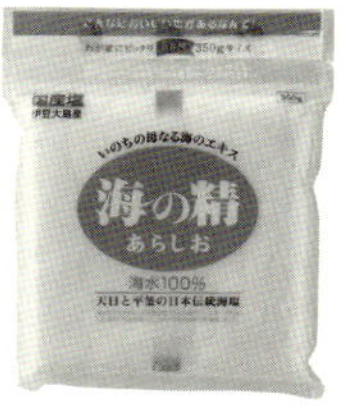

海の精あらしお 79頁⑩

①海水(伊豆大島) ②天日、平釜 ③ネット架や流下盤に流して蒸発濃縮、平釜で結晶化。

天海の塩 79頁⑪

①海水(室戸沖) ②逆浸透膜、立釜、立釜+平釜、混合 ③室戸沖2200m、推進344mが採水地。

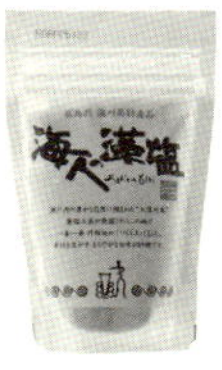

海人の藻塩 79頁⑫

①海水(瀬戸内海)、海藻 ②逆浸透膜、立釜、浸漬、平釜、焼成 ③国産の海藻、ホンダワラを使用した広島県蒲刈島特産品。

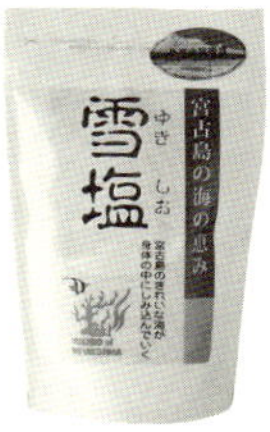

雪塩 79頁⑬

①海水(宮古島) ②逆浸透膜、加熱ドラム ③サンゴ石灰岩を浸透ろ過してきた海水をパウダー状に。

は輸入の天日塩であり、それをいったん溶かして真空蒸発缶で再度結晶化させている。ところがイオン膜で鹹水を作った青い袋の「食塩」との違いは意識されず、こちらもひとくくりに化学塩扱いだった。

むしろ長い年月をかけて固まった岩塩こそが、自然塩と呼ぶのにふさわしいが、一部の岩塩製品では不純物を除くためにいったん水で溶かして再結晶させることも行なわれている。さらにいえば、ゆっくり時間をかけて固まった岩塩や天日塩には、ミネラルをほとんど含まない純度の高いものも少なくないのだ。

結晶の形も味に影響

日本では岩塩がほとんど産出されないため、知識不足だったということもあるが、岩塩は総じてなめてもあまり塩辛く感じないことから、塩化ナトリウム

表1 塩の製造方法の表示に使われる用語

濃縮工程(濃い塩水を作る工程)

- ・イオン膜：海水中の塩分を電極とイオン膜を利用してこして濃縮する方法。
- ・逆浸透膜：海水から真水を作るのと同じ原理で、逆にこしとった残りの濃い塩水を得る方法。
- ・溶解：異物を除くために、天日塩や岩塩を水や海水で溶かすこと。
- ・浸漬：海藻などを塩水に浸けて成分を抽出させる工程。

濃縮・結晶工程

- ・天日：太陽や風力といった自然エネルギーで水分を蒸発させること。
- ・平釜：密閉されていない釜で煮つめて水分を蒸発させる方法。
- ・立釜：完全密閉型の蒸発缶で減圧や加圧して水分を蒸発させる方法。
- ・噴霧乾燥：海水や塩水を細かい霧状に噴霧して、水分を蒸発させる方法。
- ・加熱ドラム：海水や塩水を加熱した金属板に吹きつけて結晶化させる方法。

結晶後工程

- ・乾燥：塩の結晶が含む水分を蒸発させてさらさらにすること。加圧、減圧、遠心分離などで天日乾燥は含まない。
- ・粉砕：塩の結晶をくだいて小さくすること。
- ・焼成：塩の結晶を加熱して成分を変化させることでさらさらにすること。表2「焼き塩」参照。
- ・混合：異なる塩同士や固結防止剤、うま味調味料などの添加物を混合する作業。
- ・洗浄：水や塩水で塩の表面の汚れや余分なにがりを洗うこと。
- ・造粒：塩の結晶を加圧や添加物を加えて、粒状などの形に成型する工程。

その他

- ・採掘：岩塩や湖を塩を掘り出す工程。

表2 用語の定義

天日塩　塩田、流下盤、枝条架、ネット等を用いて、主に太陽熱または風力によって水分を蒸発させる方法により結晶化した食用塩に限り表示できる。地下かん水、湖塩など、海水以外の原料を天日で結晶化した塩も含まれる。

焼き塩　結晶化した塩を高温になるまで加熱することによって、塩の成分の一部または全部を変化させた食用塩に限り表示できる。乾燥を目的とする高温処理は含まれない。

藻塩　海水の中に海藻を浸漬して製塩した食用塩または海藻抽出物、海藻灰抽出物、もしくは海藻浸漬により製造されたにがりを添加した食用塩に限り表示できる。

フレーク塩　鱗片状結晶が大部分を占める食用塩に限り表示することができる。

特級・特選　製造者が扱う同種の製品と比べて、該当する商品の品質、製造方法などが特にすぐれていることを合理的根拠をもって説明できる場合に限り表示できる。比較対象となる製品（並品）の販売が極めて少なくなった場合は使えない。

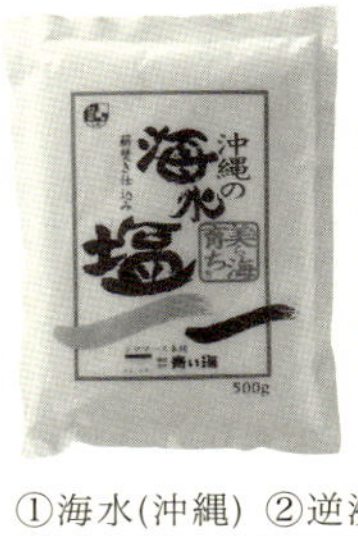

沖縄の海水塩 79頁⑭

①海水(沖縄) ②逆浸透膜、立釜、平釜、平釜 ③糸満沖約2000mの海水を濃縮、薪を焚いて平釜で煮つめる。

〈輸入〉

ゲランドの塩（顆粒） 80頁⑯

①海水(フランス) ②天日、乾燥、粉砕 ③塩田の表面で結晶した塩をかき寄せて採る、標準タイプの塩。

ゲランドの塩（海の果実） 80頁⑰

①海水(フランス) ②天日 ③フランスの塩名産地、ゲランドの塩田で最初に結晶する初摘みの塩。

ゲランドの塩（あら塩） 80頁⑱

①海水(フランス) ②天日 ③塩田の底に沈んだ大粒の塩で、別名グロ・セル。

の純度が低く、ミネラルを多く含むと誤解されている向きもある。

いったん溶かして再結晶させた製品は別だが、砕いて採掘した岩塩の場合、ゆっくりと時間をかけて固まっているため結晶が大きく、硬い。そのため氷砂糖がなかなか溶けないのと同じ理屈で、なめても溶けるのが遅いため、塩辛さを強く感じないのである。

このように塩の味は、ミネラルの含有量だけではなく、結晶の形も大きく関わっている。専売公社の塩に違和感を覚えた人が多かったのは、真空蒸発缶(立釜に分類される)で作られていたため、その結晶の形がサイコロのような立方体だったということもある。真空蒸発缶は塩以上に湿気やすい砂糖の業界で早くから採用されてきたものだが、塩は長らく開放型の平釜で作られていた。平釜で結晶化した塩はもっと複雑な形をしていて、その表面ににがりが付着し、歯があたると砕ける感触が得られる。この微妙な違いは味に大きな影響を与える。

また結晶の形によって、塩の体積は大きく異なってくる。指先の感覚ひとつで塩を扱ってきた料理人は、それが狂うのを嫌がった。サイコロ形の塩よりも平釜で作られた塩が好まれてきたのは、そうした事情もある。

しかし結晶の形もミネラル分の有無も、溶けて料理の一部になってしまうと、その差はわからなくなる。実際、一部の料理人は、煮物や汁物に塩をあらかじめ水に溶かした「塩水」を使っている。これは塩に不純物が含まれることが多かった時代の名残りでもあるが、液体なので計量しやすく、溶けるのを待たないですむぶん、使いやすいという利点による。

このように、日本料理の料理人の世界では用途に応じて塩を使い分ける習慣があった。焼き物にふりかける塩の場合はサラサラしたものが好まれ、塩を自分で空煎りして作る煎り塩(焼き塩)が多く用いられてきた。

現在ではすでに焼成加工してある塩はもちろん、粒の大きな岩塩や、ごく微粉の製品も販売され、一昔前と比べてずっと恵まれている。正しい情報がわかりやすく表示されているのだから、使い方に応じて塩を選び、使い分けるのは、けっしてむずかしいことではないはずだ。

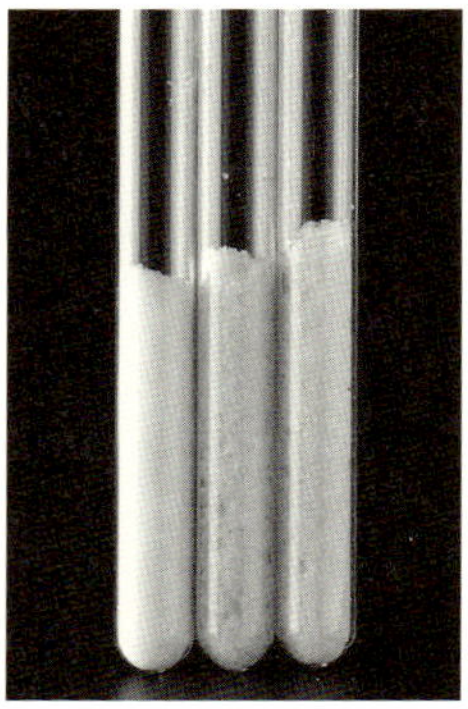

3種類の塩を10・0gずつ計って試験管に入れてみた(左から食塩、粟国の塩、ゲランドの塩(海の果実))。結晶の形が小さくて単純なものほどかさが出ない。つまり大さじ1杯で塩を計った際、体積の小さい食塩のほうが量が多くなる。

⑲ アルペンザルツ 80頁

①岩塩(ドイツ)、炭酸カルシウム、炭酸マグネシウム ②溶解、立釜、乾燥、混合 ③アルプスで2億5000年前に形成。

⑳ フランス産ロレーヌ岩塩 80頁

①(フランス ロレーヌ地方) ②溶解、立釜、乾燥 ③天然の岩塩層に水を注入して溶かし、再度煮つめる。

㉑ モートンソルト 80頁

①岩塩(アメリカ) ②採掘、粉砕、乾燥 ③地下約200mから掘り出して砕いたそのままの塩。

㉒ サーレ・ディ・ロッチャ 80頁

①岩塩(イタリア) ②採掘、洗浄、粉砕 ③イタリアの塩の名産地、シシリー島で採取。

㉓ ピンクロックソルト 80頁

①岩塩(パキスタン) ②採掘、洗浄、粉砕 ③100gあたり食塩相当量98.28gで、鉄を5.4mg含有する特徴ある塩。

塩に関する 調理用語集

ここでは料理店で使われる塩関連の調理用語や食材用語を集めました。用語は地方によって、店の流派によって違いがあるため、この説明はあくまでも一般的なものと考えてください。

あじしお（アジシオ）　うまみ調味料を加えた調味塩。味の素株式会社の登録商標。

いたずり（板ずり）　野菜などの素材に塩をまぶし、まな板の上で転がすようにして、塩をすり込むこと。皮の表面の組織が多少壊れるため、味がなじみやすくなり、色出しの効果がある。

いちやぼし（一夜干し）↓かざぼし

いりじお（煎り塩）　ふりやすいように、空煎りして水分をとばしたさらさらの塩。焼き塩ともいう。

いろだし（色出し）　青い野菜を、色をきれいに見せるように、塩を入れた熱湯でさっとゆでること。

うしおじる（潮汁）　鮮度のよい魚の頭やアラ、貝類などを煮出しただしを、塩で味をととのえて材料の持ち味をストレートに生かした汁物。潮《うしお》仕立て、または単に潮《うしお》ともいう。

うしおに（潮煮）　カツオや昆布のだしの旨みではなく、魚の頭やアラ、貝類などから煮出しただしをベースに、塩で味をととのえて材料の持ち味をストレートに生かした煮物。

えんすい（塩水）　塩と卵白を練り合わせ、水から煮立てて、卵白と一緒に浮き上がってきたアクや汚れを取り除き、布でこしたもの。あらかじめ仕込んでおき、煮物や吸い地などに用いられる。みずしおともいう。

おきじお（沖塩）　漁獲した漁船上で塩をした水産加工品。

かざぼし（風干し）　魚や野菜を塩水に浸けるか塩をふったのち、串を通して日陰の風通しのよい所で表面を乾かしたもの。干ものに比べて、しっとりとした仕上がりになる。

かみじお（紙塩）　紙を使って素材に薄く均等に塩をすること。75頁参照

けしょうじお（化粧塩）　魚を塩焼きする時、焼き上がりを美しく見せるためにふる塩のこと。焼く直前に塩の花を咲かせるために軽くふる。

ごうじお（強塩）　薄塩の逆で、多めの塩をまぶすこと。

さかしお（酒塩）　①調味に使う日本酒。②塩を加えた日本酒のことで、さし昆布などして旨みを加えることもある。下処理や調味に用いる。

しおあたり（塩あたり）　塩味をベースにした味つけのこと。

しおいり（塩煎り）　材料に塩をふって煎り上げたもの。

しおがまやき（塩釜焼）　材料を塩または卵白を混ぜた塩でおおい、天火で蒸し焼きにすること。75頁参照

しおから（塩辛）　魚介類の身や内臓を塩漬け、熟成したもの。

しおこうじ（塩麹）　塩と米麹、水を混ぜたもの。漬け床や調味料として使う。

しおずり（塩ずり）↓いたずり

しおだし（塩出し）　塩蔵品を真水か薄い塩水に浸けて余分な塩気を抜くこと。塩抜きともいう。↓よびしお

しおみがき（塩磨き）　アワビなどを塩で磨くようにこすり洗うこと。

しおむし（塩蒸し）　材料に塩をふったり、塩水に浸けたりして蒸すこと。

しおもみ（塩揉み）　塩をふって、もみこむようにしてなじませること。

しおぬき（塩抜き）↓しおだし

しおをあてる（塩をあてる）　おもに調理前の素材に塩をふる、まぶすなどして塩味をつけること。

しおをする（塩をする）　素材に塩をふる、まぶす、塩水に浸けるなどして塩味をつけること。

しゃくじお（尺塩）↓ふりじお

そみゅーるえき（ソミュール液）　燻製にする前処理として、水分を抜くために浸ける塩水のこと。

たてじお（立て塩）　海水程度（3％）の濃さの塩水のこと。素材を浸けて塩味をつけたり、水分を抜くのに使う。

はまじお（浜塩）　水揚げした産地で塩をした水産加工品。

ひとしお（ひと塩）　薄塩をした水産加工品。

ひれじお（ひれ塩）　魚を姿焼きにする時に、ヒレを焦がさないようにするためにつける塩。たっぷりとつけてピンと立たせるようにする。

ふりじお（ふり塩）　材料に塩をふりかけること。塩をにぎった指の透き間からこぼすようにふるか、ザルやすいのう、茶こしに塩を入れて行なう。一尺（約30㎝）くらいの位置からふると、材料にむらなく行きわたるため、尺塩ともいう。塩は、煎るなどして水分を抜き、さらさらの状態にしておく。74頁参照

べたじお（べた塩）　魚に塩味をつける方法の一種。おもに脂肪分が多くて身の厚い魚の場合に用い、まな板や器に塩を広げ、その上に魚を置いて塩をまぶしつける。塩味のつけ方としては最も濃くなる。74頁参照

みしおづけ（味塩漬）　野菜を昆布やみりんなどで味を加えた塩水に漬けたもの。あじしおづけではない。

みずしお（水塩）↓えんすい

むかえじお（迎え塩）↓よびじお

もとじお（素塩）　うまみ調味料と塩を混ぜたもの。↓あじしお

やきしお（焼き塩）↓いりじお

よびじお（呼び塩）　塩蔵品を塩出しする際に用いる薄い塩水のこと。塩を抜くには塩水のほうが早いとされ、塩を呼ぶという意味でこの名がついた。実際には真水に浸けたほうが塩は早く抜けるが、表面が抜けすぎて水っぽくなってしまう。迎え塩ともいう。↓しおだし

料・理・解・説

カラーページの料理の作り方を簡単にまとめました。献立中の料理やあしらいが写真のどれにあたるか（包み焼きや具として混ぜられているものを除く）でわかるように丸数字で示しています。

基礎編① 各種焼き方を整理する

森本泰宏

春日小鯛《かすがこだい》姿焼①

赤飯麩照り焼② 黒豆松葉刺し③

22頁参照

小鯛をつぼ抜きし、水洗いし、ウロコ、汚れをきれいに掃除する。水気を拭き取り、両面の皮目に針打ちし、塩をまわりやすくする。振り塩して、30～40分間おいて塩を回す。皮がはぜないように縫い串で形よく串を打つ。竹皮（タコ糸や針金でもよい）で打った串と背ビレ、腹ビレ、胸ビレを結び、引っ張るようにしてヒレを立てる。各ヒレにアルミホイルをかぶせ、焦げないようにして焼く。彩りよく焼くため、ヒレ塩、化粧塩はしない。焼き上がりにミリンをぬり、鼈甲色に仕上げる。

生麩で巻いた赤飯を一度油でさっと揚げ、照り焼のたれ（ミリン6、酒4、濃口醤油1、白ミソ1）でからめたものと、黒豆の蜜煮の松葉刺しを添える。

鮎風干し①

瓜うるか和え② 酸橘《すだち》③

23頁参照

アユを背開きにして、中骨、腹骨を取り、水洗いして汚れをとり、酒塩に30分間漬ける。地から上げ、風通しのよい涼しい所で半日、風干しする（脱水シートを使ってもよい）。酒をふりながら、天火で焼き上げる。

シロウリを塩で板ずりし、水洗いして、芯を抜く。螺旋《らせん》にむき、昆布をさした塩水にしばらく漬ける。でき上がった雷干しを、重湯を加えて濃度を調整した真子うるかで和える。

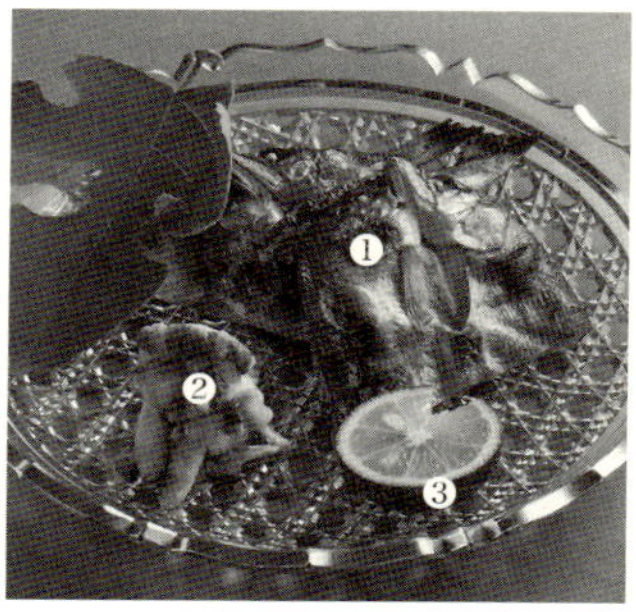

きんき浜干し①

かぼす②

23頁参照

キンキを背開きして、エラ、内臓、汚れを掃除する。海水を沸かして冷まし、酒を加えた地に漬ける。20分間おいて塩が回ったら取り出して、風通しのよい所で一晩くらいかけて干す。できれば海風にあてるとよい。

焦げやすいヒレをアルミホイルで覆い、網にのせ、酒をかけながら焼き上げる。器に盛り、酒出汁（酒1、カツオだし2、淡口醤油少量）をかける。

細魚《さより》一夜《いちや》干し①

口子《くちこ》②

23頁参照

身のしっかりしたサヨリを選ぶ。

水洗いして、大名おろしで三枚におろす。腹ぼをすき取り、酒塩(立て塩に煮きり酒を加え、さし昆布したもの)で10分間締める。串を打って、半日、風干しにする。半生の状態になったら酒で洗って使う。

よくいこった炭を焜炉に入れ、金網にサヨリ、クチコをのせ、あぶりながらたべていただく。

鱒《ます》木の芽焼①

蕪辛味巻②

23頁参照

マスを水洗いして三枚におろし、骨を抜く。あまり身が厚くならないように切り身にする。薄塩をあててしばらくおき、余分な水分を抜く。

片棲で串を打ち、強火の遠火で表、裏を焼く。表のほうにしっかりと焼き目が付いたら、たれ(赤酒4、ミリン2、濃口醤油3、淡口醤油1に焼いたアラを加え、火を入れる)をかけ、焼いてはたれをかける作業を3回繰り返し、照りをのせる。焼き上がりに叩き木の芽をふりかけて仕上げる。

カブの皮を厚めにむいたのち、桂むきにする。元の姿に巻き戻し、立て塩に漬ける。しんなりしたら、水分を取り、鷹ノ爪、昆布を加えた甘酢に二度漬けする。拍子木に切ったワサビを芯にして巻く。

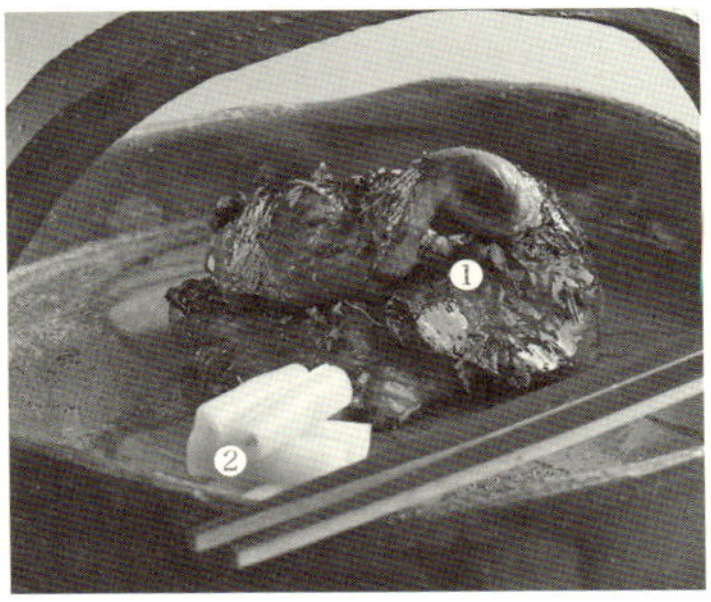

鰤《ぶり》照り焼①

山葵おろし② 菊花蕪③

24頁参照

ブリを三枚におろし、皮見せに切り身にし、薄塩をあてて水気を抜く。

三割たれ(濃口醤油1、酒1、ミリン1)に10分間くらい仮漬けし、地から上げ、串を打つ。強火の遠火で表から焼く。裏表焼き、たれ(三割たれにたまり醤油、砂糖を加えたもの)をかけながら、焦がさないように、照りよく焼き上げる。

ダイコンおろしにすりおろしたワサビと煮切り酒10、淡口醤油0・5で味をつけ、丸めて山葵おろしとする。菊花蕪(20頁菊花大根参照)とともに添える。

甘鯛酒焼

24頁参照

アマダイを水洗いし、ウロコをばら引きする。三枚におろし、骨を抜き、酒塩に30分間漬け、沖締めする。適当な大きさに切り出し、皮に包丁目を入れる。

平串を打ち、皮目から強火で七~八分《ぶ》焼いたのち、酒をかけながら焼き上げる。

蠟《ろう》焼 はらみ烏賊①

酸橘②

24頁参照

モンゴウイカを水洗いし、さく取りする。薄塩をあてて、袋包丁してカラスミを射込む。串を打って焦がさないように天火で焼く。卵黄を2~3回に分けてぬり、ろうそくのような透明感が出るように、火を入れる。

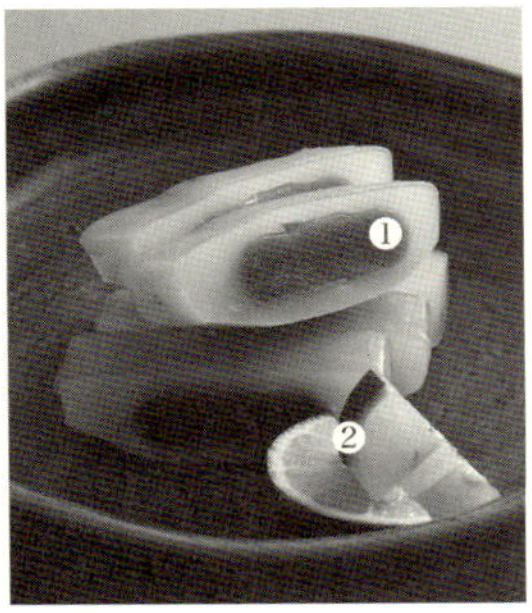

甘鯛味噌漬①

はじかみ②

25頁参照

アマダイを水洗いし、切り身に

して薄塩をあてて20～30分間おく。ミリンで洗い、味噌床（粗ミソを酒、赤酒でゆるめ、ガーゼをかぶせる）で床漬けする。味噌床をゆるめにすると、早く漬かる。

3日くらいで取り出し（漬けすぎると締まってしまう）、玉酒で洗い、水気をよくふき取ってから平串を打つ。焦げやすいが、弱火で焼くと水分が抜けてしまうので、強めの遠火で焼く。

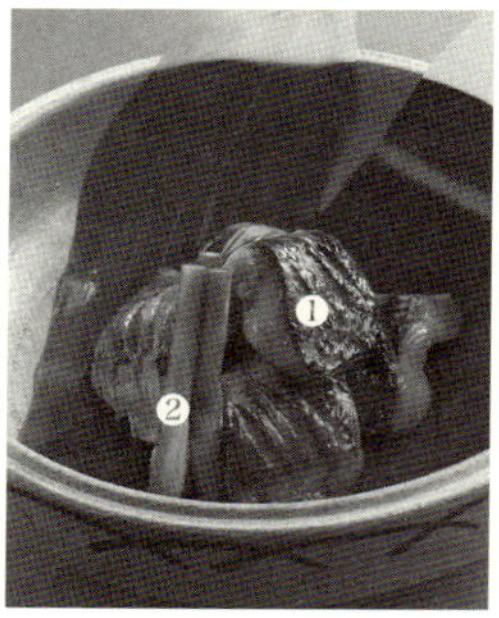

真名鰹《まながつお》味噌漬

味噌漬①　味噌納豆松葉刺し②

25頁参照

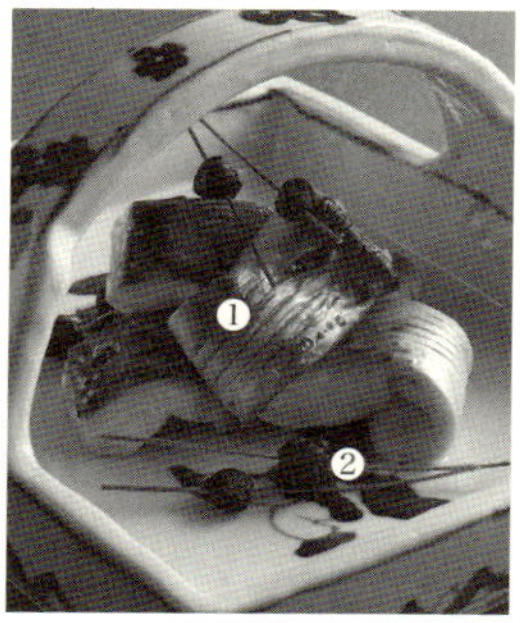

マナガツオを三枚におろして切り身にし、アマダイと同じ要領で焼く。なお茶事の場合は、マナガツオを瓦のように薄く切り分け、量を少なめにする。

味噌納豆を松葉に刺して添える。

鰤《ぶり》味噌漬

鰤味噌漬①　酢蓮根②

25頁参照

ブリを三枚におろして切り身にし、アマダイと同じ要領で焼く。なお重詰めなど日持ちさせる場合はじっくり水分を抜くような感じで火を入れる。

酢蓮根（20頁参照）を添える。

鰆《さわら》柚庵《ゆうあん》焼

25頁参照

サワラを水洗いし、身割れしないように三枚におろす。薄塩して20分間おき、塩が回ったら柚庵地（濃口醤油1、赤酒1、酒1、季

節の柑橘の輪切り）に1時間漬ける。時間をおく時は柚庵地の酒の量を増やす。

皮見せに包丁して平串を打ち、焼く。途中柚庵地を2回程かけ、焼き上がりに味醂醤油（ミリンと濃口醤油を同割）をハケでぬり、艶よく仕上げる。

杉板焼

鰆①　舞茸②　銀杏《ぎんなん》松葉刺し③

26頁参照

サワラを三枚におろし、上身にする。塩をあてしばらくおいたの

ち、片身のまま柚庵地に杉板と一緒に漬け込み、杉の香りを移す。地から上げて水気を除く。身に包丁し、杉板の上にのせ、マイタケを盛り、杉板で挟んで経木紐で結び、１８０℃のオーブンで8分間焼く。焦げて燃えやすいので、途中で霧吹きで水をかけながら、中の素材に火を通す。焼き上げたものを挟んで焼くこともできるが、このほうがしっとりと火が入り、風味も良い。

照り葉とギンナンの塩煎りの松葉刺しを散らし、盛り付ける。

青竹焼

子持ち鮎麹漬①　酢取り棒茗荷②

26頁参照

子持ちアユのぬめりを取り、ウロコをかき取る。腹子のところに

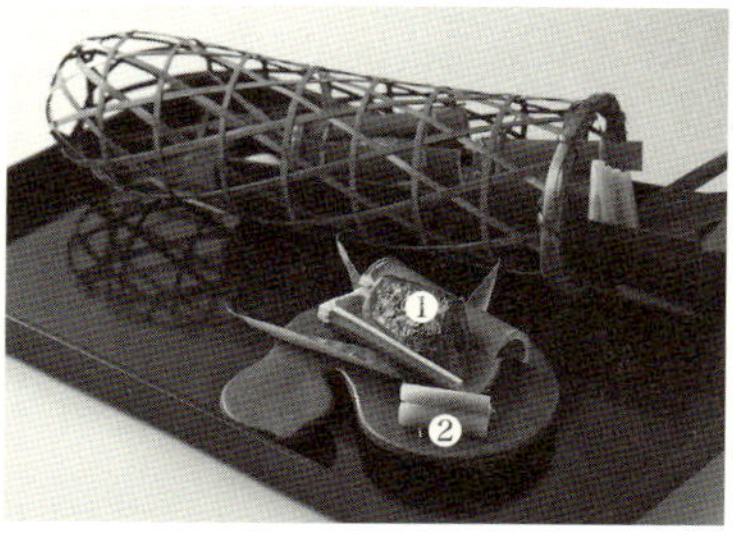

切り込みを入れ、べた塩をあてる。2～3時間おく。
　麹を固めのおかゆでもどし、白ミソで味をととのえて、麹床を作る。塩が回ったアユをミリンで洗い、直漬けする。2～3週間程度漬け込むと骨も柔らかくなる。取り出して玉酒（水を加えた酒）で洗い、水気をふいて平串を打ち、下焼きする。縦半分に割った青竹で挟み、竹皮でとめ、香りを移しながらオーブンで焼き上げる。
　酢取り棒茗荷（はじかみと同様に作る）を添える。

鯛御神酒《おみき》板挟み焼　26頁参照

　タイを水洗いして三枚におろし、上身にし、さく取りする。適当な大きさに切り出し、薄塩をあてて10分間おく。塩が回ったら一度ミリンで洗い、白の粗ミソに1割の練酒粕を加えた漬床に漬ける。一晩したら取り出し、玉酒で洗う。天板に並べ、オーブンで焼く。
　鯛を二つ折りにした板酒粕で挟み、再度１８０℃のオーブンで10分間焼く。天火で焼き目をつけ、ハケで酒1、淡口醤油1のたれをぬって仕上げる。

奉書《ほうしょ》焼　27頁参照

甘鯛　松茸　車海老　銀杏　かぼす
割りぽん酢

　アマダイ、ゆがいた車エビ、マツタケ、ギンナンを用意し、水で湿らせた奉書紙で包み、オーブンで焼き上げる。具にあらかじめ火を通しておいて、途中水を打ちながら天火で焼き上げてもよい。

　割りぽん酢（ぽん酢を同割の一番だしで割ったもの）ですすめる。

朴葉《ほうば》焼　27頁参照

かます黄身幽庵干し　大黒しめじ
蓮根煎餅　焼き青唐　酸橘

　カマスを水洗いし、大名おろしで三枚におろし、骨を抜く。紙塩する。黄身幽庵（酒1、赤酒1、濃口醤油1に卵黄を溶き入れたもの）に1時間程漬け、脱水シートで一晩挟んでおく。端をきれいにさく取りし、両褄に串を打ち、皮目に十字に飾り包丁を入れて、焼く。あがりに漬け地をさっとかけて照りをつける。

　乾燥の朴葉を水に浸けてもどし、汚れをよく拭き取る。焼いたカマス、大黒シメジ、蓮根煎餅（レンコンの薄切りを水に放ち、水気を切って30分間風に当て、低温の油で徐々に温度を上げながら揚げたもの）、シシトウを盛り、包む。松葉で止めて、オーブンで温める程度に焼く。

昆布包み焼　27頁参照

松葉蟹　小蕪　葱　松茸
割りぽん酢

　殻からはずして素焼きにした松葉ガニの棒身、小カブ、マツタケを、竜皮昆布で作った船に盛り合わせる。酒をふって経木紐で結んで包み、２００℃のオーブンで10分間焼く。熱々をすすめる。お好みで割りぽん酢をつけてもよい。

石焼　28頁参照

車海老①　平貝酒盗漬②　酸橘③

活け車エビの殻をむき、背割り

し、背ワタを取る。タイラギの貝柱をはずし、薄皮をむいて適当な大きさに切る。酒盗地(カツオの酒盗を酒、ミリン少量でのばし、火を入れる。こしたのち、水溶き葛少量でとめる)で洗い、器に盛る。

石で焼きながら、食べていただく。

かわらけ焼

28頁参照

鶉《うずら》　九条葱　鶉卵　焼き味噌①
銀杏《ぎんなん》塩焙烙《ほうらく》②

一枚開きにしたウズラを、薄味に仕立てた柚庵地に浸け、下味をつける。串を打って、皮目から両面を軽く焼く。

素焼のかわらけに、鶉味噌(鶉ひき肉、赤ミソ、白ミソ、粉サンショウを混ぜて火を入れ、煮きり酒、煮きりミリンで味をととのえたもの)を敷く。切り分けたウズラ、九条ネギをのせ、かわらけで蓋をして、200℃のオーブンで15分間焼く。上がりに鶉卵を落とし、仕上げる。

銀杏の塩衣焼(殻つきのギンナンを立て塩に浸けておく。蓋つきの魚焼き器に薄く塩を入れてこのギンナンを入れ、転がしながら水をふって焼き、雪だるまのように塩をまぶしつける)を取り合わせる。

伝宝焼《でんぽう》

28頁参照

鰻　椎茸　百合根　銀杏　三つ葉

ウナギの蒲焼、昆布だし10、酒1、濃口醤油1、ミリン1で炊いた生シイタケ、ギンナン、塩蒸ししたユリ根をほうらくに盛る。卵を割りほどき、だし、すり身少量で卵豆腐の要領で地を作り、淡口醤油、砂糖で味をととのえる。

ほうらくに流し入れ、天板にのせて水を張り、170℃のオーブンで20~30分間蒸し焼きにする。天火で焼き目をつけ、煮きりミリンをぬり、仕上げる。

陶板焼

28頁参照

鮑　アスパラガス　柚子

アワビを酒、水、ダイコンで4~5時間煮て、やわらかくもどす。肝をはずし、白ミソ、赤酒を加えて味をととのえ、弱火で2~3時間じっくりと煮込む。波切りにし、陶板に盛る。アワビの煮汁、ゆでたアスパラガス、アワビの肝を添えて、焜炉にかけて焼く。

香りにきざんだユズをのせ、かくしにバターを加える。

柚子釜焼

29頁参照

生麸　翡翠《ひすい》銀杏　椎茸　百合根
くもこ　あん肝　葱　葛きり

生麸、ひすいギンナン、シイタケ、ユリ根にそれぞれ伝宝焼と同様に下味をつけたものを、柚子釜に詰める。

米粉10gを10gの米油で色がつかないように炒め、調整豆乳100㏄を加えて和風ベシャメルソースを作り、塩で味をととのえて柚子釜に流し入れる。オーブンで焼き目をつけるように焼く。

クモコを掃除して一杯醤油で焼く。新鮮なアンキモを塩焼きし、ぽん酢で洗う。焼きネギ、もどした葛きりとともに柚子釜に入れ、先のソースを流し入れる。180℃のオーブンで8分間焼き目をつけるように焼く。あがりに湯葉粉

（樋《とい》ユバを細かくくだいたもの）をふりかける。

壷焼

筍　蕨《わらび》　叩き木の芽

29頁参照

大きめのサザエから貝むきで身を取り出し、口ばしと苦い薄い身を取り、蓋をはずす。身に塩をまぶして、揉んでめめりを取り、流水でよく洗う。水気をふき取り、適当な大きさに切る。ワタは肝だけをとる。

殻の中にはずした蓋を入れて底とし、サザエの身、肝を入れる。ゆがいて二番だし、淡口醤油、ミリン、酒で下味をつけたタケノコ、二番だし、酒、塩で地漬けしたワラビを殻の中に入れ、玉地（とき卵2、だし1）を注ぎ入れ、200℃のオーブンで30分間蒸し焼きにする。天火で焼き目をつけ、煮きりミリンで照りをつけ、叩き木の芽をふりかけて仕上げる。

甲羅焼

わたり蟹　春雨　浅葱《あさつき》

29頁参照

ワタリガニを水洗いし、適当な大きさに割り、鍋にサラダ油を引き炒める。玉酒を回し入れ、塩、醤油などで味をつけ、炒め煮にする。ワタリガニに火が入ったら引き上げ、炒めた汁にもどした春雨を加えて煮る。

ワタリガニの身を取り出し、先の春雨とアサツキを混ぜ、甲羅に詰め、天火で焼目をつける。炒めた時にでた汁に薄葛を引いた共地スープ餡を薄くかけて、焜炉にのせて焼く。

基礎編②　素材別料理集

●魚

森本泰宏

●有馬温泉　古泉閣

鱧若狭焼《はもわかさ》①

むしり葉山椒②　連草浸し《れんそうひた》③

30頁参照

ハモを水洗いして一枚に開いて、骨切りし、適当な長さに切る。骨切りした身がつぶれないようにし、やや末広に串を打つ。反らないように添え横串を通し、薄塩をあてる。身の方から焼きはじめ、途中で串回しをしつつ、裏表しっとり火を通す。皮目はあまり焼きすぎないように注意する。

若狭地（酒7、淡口醤油3、ミリン1～1・5、叩き木の芽）を3回ほどかけ焼きする。串を抜いて適当な大きさに切り分ける。

ホウレンソウをよく水洗いし、ゆでて、冷水にとる。流水にさらして絞り、水気をきる。白八方地（二番だし、酒、塩）に漬ける。

ボウフウの葉と軸を分け、炭酸塩水（重曹を加えた塩水）に5分間浸ける。水洗いしたのち、ゆがく。葉は冷水にとり、白八方地に地漬けする。軸は岡上げしたのち、割り酢（甘酢1、水1）に漬ける。

以上を和え、煎り酒、スダチの搾り汁で味をととのえる。

鰻蒲焼①

有馬山椒②

31頁参照

活けのウナギを背開きに裂き、半分に切る。串を打ち、上火の焼き台で皮目から焼く。続いて身の方を焼き、最後に皮目をもう一度焼いて白焼きにする。

たれ（赤酒4、ミリン3、濃口

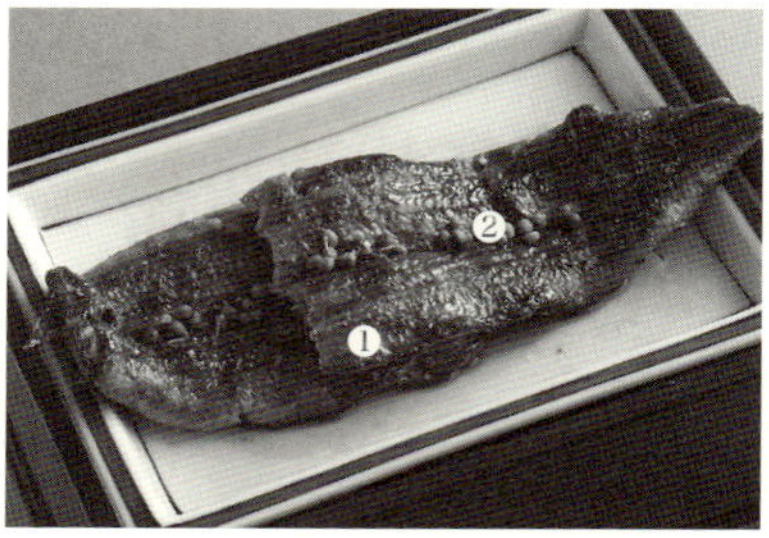

醤油3、淡口醤油1、砂糖少量）をぬって皮目にさっと火を入れ、裏返して強火の近火で身のほうも焼く。2回たれをぬっては焼く作業を繰り返して照りをのせる。

保温のきく湯だめの器に盛り、実山椒の含め煮（青ザンショウの実をしっかりゆでこぼして、辛味を抜き、水にさらす。白醤油、ミリン、かくしに砂糖少量、酒を合わせた地で煮る。煮ては火を止める作業をくりかえし、2日間かけて地を煮つめ、地漬けして味を含ませる）を天に盛る。

目板鰈《めいたがれい》雲丹《うに》焼 ①

つまみ蓮根②　酸橘《すだち》③

31頁参照

メイタガレイを水洗いし、三枚におろし、腹骨をすきとる。皮を引いて、酒塩で締める。身を俵に巻き、串を打って、七分《ぶ》程度天火で焼く。寒冷紗で包んで漉し抜きした卵白をハケでぬり、生ウニをのせ、醤油をひとハケぬって、焼き上げる。

レンコンの甘酢漬を薄くスライスし、つまみ盛りにして、梅香煎（梅干しの果肉を一晩干して乾燥させ、耐熱皿に入れて電子レンジにかけ、水分をとばす。すり鉢で細かくして用いる）をかける。スダチを添える。

鯛御室《おむろ》焼 ①

桜葉　独活木の芽和え②

32頁参照

タイを水洗いし、三枚におろし、さく取りする。桜の葉を入れて香りを移した酒塩に浸けて、締める。

小串に切り出し、身半分を開き中に飯蒸し（もち米に酒、塩をふっ

て、蒸し上げたもの）を抱かせて、オーブンで蒸し焼きにする。天火で焦げ目をつけて、酒をふりかけ、仕上げる。塩抜きした桜の葉の塩漬で包んで、盛り付ける。

ウドを水洗いし、適当な長さに切り揃え、円柱にむき、酢と片栗粉を加えた湯に放つ。酢水でゆがいたのち、白八方で白煮にする。木の芽味噌（白ミソと卵黄で作った玉味噌に、青寄せ、すりつぶした木の芽を加えたもの）をかける。

鰻味噌漬豆花《とうか》焼 ①

花山椒②

32頁参照

活けのウナギを裂いて下処理し、串を打って、白焼きしたものを用意する。白の粗ミソを酒、ミリンでのばし、かくしに砂糖を加えた漬床に漬ける。おからを水ごしし、よくしぼり、米油を引いた鍋に入れて煎る。白ミソ、砂糖、卵黄を加えて火にかけ、芋寿司の要領で仕上げる。

おからの生地を蒲焼で博多に押し、アルミホイルで包んで180℃のオーブンで10分間焼く。

アルミホイルをはずして、天火で焼き目をつける。

崩れないように切り出し、天に花山椒（花サンショウの汚れ、枯れたものなどをきれいに掃除し、明礬塩水に浸ける。水洗いし、さらしたのち、さっとゆがく。岡上げし、風をあてて冷ます。水気をとったのち、酒、ミリン、白醤油で旨煮にする）を盛る。

のど黒練麹漬焼 ①
瓢箪粕漬《ひょうたんかす》②
33頁参照

ノドグロを水洗いし、三枚におろし、上身とし、塩をあてておく。練り麹（生麹100g、日本酒400cc、塩20g）に2日ほど漬ける。取り出して小串に切り出し、串を打って焼く。最後に練り麹をかけて仕上げる。

瓢箪の粕漬け（瓢箪のミリン粕漬を漬け床から取り出して、銅鍋でゆでて色だしする。味が抜けすぎないように気をつけて水にさらし、再度漬け床に戻す）をあしらう。

真名鰹《まながつお》柚子挟み焼 ①
赤蕪②
33頁参照

マナガツオを水洗いし、三枚におろし、さく取りする。皮に包丁目を入れ、そぎ切りする。淡口醤油1、赤酒1、酒2の地に漬け、

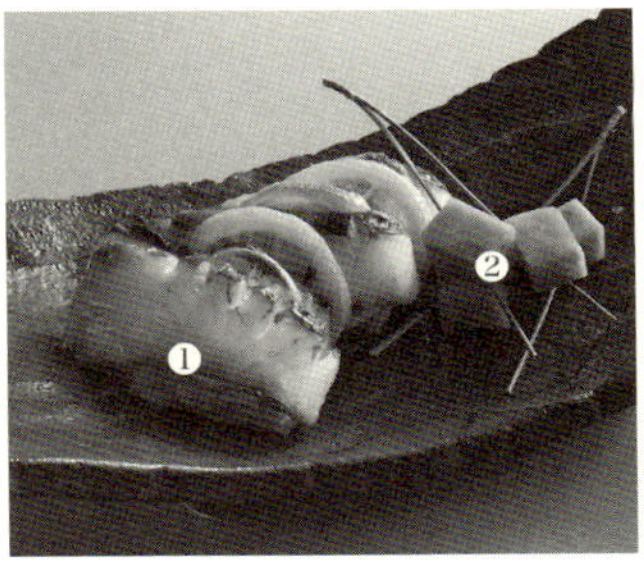

なじんだら取り出し、地をよく拭いてから身を上にして並べる。甘さを抑えた柚子味噌（玉味噌にすりおろしたユズを加えたもの）、輪切りのユズをのせ、切り身を再度のせて、と繰り返す。挟み串をして（素材の両端にダイコンの切れ端を置き、素材には串を通さずにダイコンだけ刺し通して、串で挟むようにして固定する方法）焼き、焼き上がりにミリンをぬり、艶を出す。輪切りのユズを挟み、盛りつける。

赤カブを四角に包丁し、立て塩でしんなりさせ、甘酢に漬ける。松葉で刺して添える。

鰆《さわら》 柚子おろし焼 ①
玉唐墨②
34頁参照

サワラを水洗いし、三枚におろし、身見せに包丁し、切り出す。酒塩で締める。平串を打ち、身から焼きはじめ、皮目もそれぞれ八分《ぶ》ほど焼く。細かくおろしたダイコンおろしにすりおろしたユズの皮、卵黄少量、塩を加えたものをのせて、天火で焼き上げる。天にユズの皮のせん切りを盛る。

カラスミを湯せんにかけてぱらぱらに煎った唐墨香煎に温泉玉子の黄身を加えて練り、丸めて再度香煎をまぶし、松葉に刺す。

鱧丹波《たんば》焼 ①
しぼり豆②　酢取り茗荷③
34頁参照

ハモを水洗いし、一枚に開き、皮目を上にして骨切りする。薄塩し、塩が回ったら酒焼きしたマツタケを芯にして巻き、両端を白板昆布でくくり、串を打つ。八分《ぶ》通り火が入ったら、酒塩を薄めた地をかけながら焼き上げる。側面も焼けるように、途中で串を打ち替え、きつね色くらいになるまで焼く。

しぼり豆（丹波の黒豆を蜜煮にしたものを、乾燥させ、粉吹きに仕上げる）、酢取り茗荷を添える。

真名鰹老松《おいまつ》焼 ①
翁《おきな》昆布②　飛梅③
千代老木《ちょろぎ》長寿和え④
35頁参照

マナガツオを水洗いし、三枚におろし、さく取りする。皮目を下

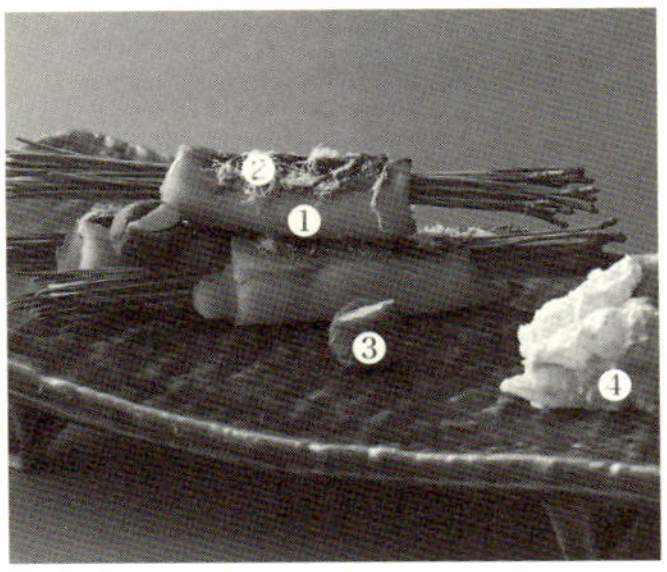

にして、観音開きにし、薄塩をあてたのち、柚庵地に漬ける。地から上げ、束ねた松葉を巻き、クッキングシートで巻き締める。オーブンで焼いて松の香りを移す。焼き上がったら翁昆布をのせ、再度、天火で焼き目をつけて仕上げる。

梅肉、上新粉、ハチミツを合わせ、梅の種の仁(天神)を包み、丸めて、蒸し固める。フライパンで転がしながら焼いて飛梅とする。

生のチョロギをオガくずでもみ、汚れをとる。きれいに掃除して洗う。鍋で空煎りし、塩をふる。練酒粕を加えた白地(豆腐、あたりゴマ、塩、砂糖、淡口醤油、かくしに白ミソを加えた、白和えの和え衣)で和える。

真名鰹《まながつお》醤《ひしお》醸《かも》し焼 ①
柚子甘煮②
35頁参照

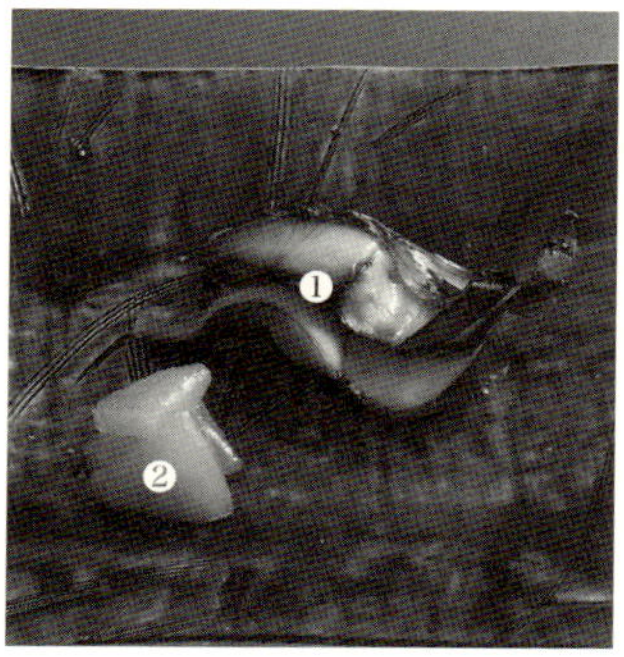

マナガツオを水洗いし、三枚におろし、片身のまま塩をあてる。なじんだら、醤油麹の地(たまり醤油、醤油麹、赤酒、酒を同割で合わせる)に漬ける。3〜4時間後に取り出し、瓦に包丁して串を打ち、焼く。上がりに煮切りミリンをぬって仕上げる。

柚子の甘煮(ユズの皮をすりおろして、半分に切り、中の果肉、薄皮、筋を取る。米のとぎ水でゆがき、さらして、苦味、渋味を完全に抜く。ザルにあげ、陰干しする。乾いたら、蒸し器で空蒸ししたのち、砂糖で作ったシロップで甘煮にする)を添える。

久保田完二 ●割烹八寸

若狭鰈 ①
はじかみ② 葉山椒の佃煮③
36頁参照

ひと塩の若狭ガレイを二枚におろす。上身に両褄に串を打ち、若狭地(酒、ミリン少量を煮切り、カツオ節、昆布を加えて煮て、こす。香りにごく少量の淡口醤油を加える)を1回かけ焼きにする。

若狭ガレイの中骨の背側半分に、背骨に向かってハの字に2本切れ目を入れる。これを揚げると内側にむかって反り、船の形になる。

筆ショウガをゆでて、甘酢に漬けて酢取り、はじかみとする。

酒、ミリン、シイタケのもどし汁を合わせる。下ゆでしたサンショウの葉、もどしてきざんだ干しシイタケ、チリメンジャコを加えて煮る。煮つまってきたら濃口醤油を加え、汁気がなくなるまで炊き上げる。

中骨に両褄の上身を盛りつけ、はじかみ、葉山椒の佃煮を添える。

鯛の田楽 ①
柚子大根② 浅利の佃煮③
36頁参照

タイに平串を打ち、素焼きにする。田楽味噌(白ミソに酒、ミリンを加え、かくしにあたりゴマを加えたものをぬる。上火で焼いて焦げ目をつける。皿に盛りつけて天にきざみユズをのせる。

ダイコンに軽く塩をして、湯をする。ユズの皮を加えた甘酢に浸ける。

アサリを酒蒸しにして殻からはずす。濃口醤油、砂糖、ショウガで佃煮にする。

甘鯛一文字掛け ①
唐辛子の佃煮②
37頁参照

ひと塩のアマダイに平串を打って焼く。焼いている途中で皮がめくれてくるので、途中ではずす。若狭地を1回かけ焼きにする。

アマダイの皮を和紙で挟んで油を除くと、パリパリの煎餅状になる。これをさらしで包んで、もんで粉にする。器に盛ったアマダイ

の上に、一文字（金ベラ）を使って一列にかける。

伏見トウガラシの種を取って粗くきざむ。酒、ミリンを合わせて、昆布、チリメンジャコ、伏見トウガラシを加えて煮る。しんなりしてきたら濃口醤油を加え、汁気がなくなるまで炊き上げる。

鯉の蒲焼①
茗荷甘酢漬②　実山椒③
37頁参照

コイを三枚におろし、アイナメの要領で骨切りする。素焼きにしたのち、ウナギのたれ（酒、多めのミリン、濃口醤油、たまり醤油、ザラメ、ウナギの骨の素焼き）をかけて焼く。仕上げに叩き木の芽をふる。

ミョウガを半割りにし、さっとゆでる。軽く塩をあてて、冷めたら甘酢に漬ける。

青の実ザンショウを、酒、淡口醤油、少量の砂糖で炊く。

長島 博
● 築地本願寺 紫水

真魚鰹味噌柚庵《ゆうあん》焼①
千枚蕪菊花巻②
38頁参照

マナガツオを水洗いして三枚におろし、切り身にする。皮目に細かく切り込みを入れ、薄塩をあててしばらくおく。酒で洗い、水気をふき取る。酒、濃口醤油、ミリンを同割に合わせた地と白粒西京ミソ（麹入り）を同割合わせた柚庵地に20分ほど漬ける。金串で平串を打ち、焦げないように中火で焼く。焼き上がりにミリン醤油をぬり、きれいな焼き色をつける。

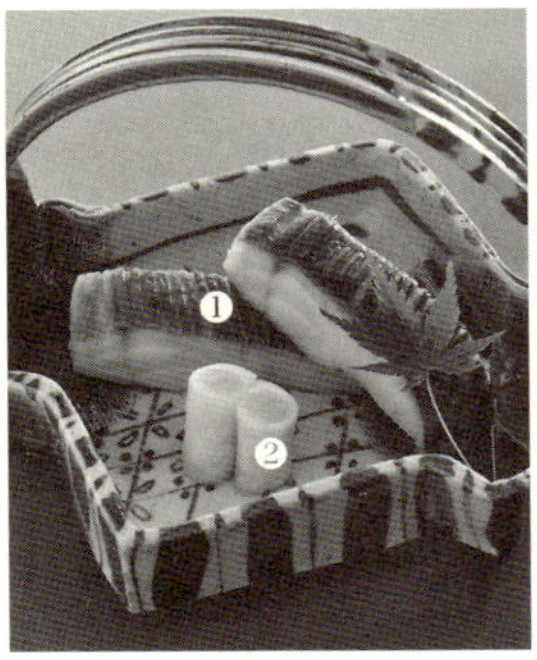

黄菊の花弁を酢少量を入れた湯で色よくさっとゆでて冷水にとり、水気を絞り、甘酢に漬ける。天カブの皮をむき、丸のまま薄く切り、立て塩に浸ける。しんなりとしたら水気を絞り、甘酢に漬ける。巻き簾にラップ紙を広げ、黄菊を巻いて棒状に形を整えてから、カブで巻く。適宜に切る。

鰆《さわら》織部《おりべ》焼①
茗荷寿司②
39頁参照

サワラを三枚におろし、切り身にする。皮目に細かく切り込みを入れ、薄塩をあててしばらくおく。酒で洗い、水気をふき取り、酒、濃口醤油、ミリンを同割であわせた地に20分ほど漬ける。地をふき取り、平串を打つ。強火の遠火で皮から焼き、三分《ぶ》通り火が入ったら、裏返して素焼きにする。

温泉玉子の黄身とおねば（粥をフードプロセッサーにかけたもの）を合わせて黄身地を作る。サワラの皮目に黄身地をのせ、寄せ菜（ホウレン草とタデの葉をフードプロセッサーにかけて、さっと煮立てて浮き上がってきたものをすくい取り、氷水に落として水気を絞ったもの）を薄くまぶすようにのせ、あぶる程度に火を入れる。

ヤマイモを裏ごしして、ゆで卵の黄身を合わせ、酢、塩、砂糖で味をととのえる。小さな俵形にまとめ、ミョウガの甘酢漬け（ミョウガを酢少量を入れた湯でさっとゆでて色だしし、ザルにあげて冷ます。甘酢に1時間ほど浸す）を

ばらして5枚、貼り付ける。

吉知次《きちじ》香り焼 ①
ずんだ餅②

39頁参照

キチジ(キンキ)を水洗いして、カマ上から頭を落とし、切り身にする。薄塩をあててしばらくおく。酒で洗い、水気をふき取る。酒、濃口醤油、ミリンを同割に合わせた地に20分ほど浸ける。ヒレが立つように形を整えながら、適宜に切ったダイコンを芯に片褄折りにして、金串で串を打つ。焦げないようにヒレにアルミホイルをかぶせる。遠火の強火で、皮目に四分通り火が通ったら、裏返して焼く。焼き上がりにアルミホイルをはずし、こんがりと焼き色をつける。

串を抜き、サクラチップ、番茶の葉、赤ザラメ、小麦粉を入れた燻製器で軽く燻し、香りを移す。仕上げにミリン醤油(ミリン、淡口醤油)をぬり、上火で乾かす程度に焼いて照りをつける。

石川小イモの皮をむき、米のとぎ汁でゆでる。二番だしに淡口醤油、砂糖を加えた地で煮含める。エダマメを塩ゆでし、サヤと甘皮をむく。フードプロセッサーで細かくきざみ、淡口醤油、砂糖で味をととのえる。巻き簾にラップ紙を敷いてずんだ生地を広げ、イモをのせて巻き込む。

鱧《はも》梅山椒焼 ①
丸十《まるじゅう》蜜煮②

40頁参照

ハモは上身にして骨切りし、適宜の大きさに切る。焼き塩を全体にあてる。皮と身の間に平串を打ち、遠火の強火で焼く。皮側はしっかりと火を通すように焼き、裏返して身はさっとあぶるように焼く。カツオ風味の梅干し(血合い入りのカツオ節を広げてガーゼを敷き、種を抜いた梅干しを挟んで一晩おいたもの)の裏ごしとワサビを7対3程度の割合で軽く合わせ、焼き上がりにハモの皮目にぬり広げ、乾かす程度にあぶる。ミョウガの輪切りを添える。

丸十(サツマイモ)を輪切りにして面取りし、クチナシ入りの湯でゆでて色づけする。オレンジジュースを1割入れたシロップで蜜煮にする。ゴマを飾る。

鱸《すずき》 利休《りきゅう》焼 ①
粟麩田楽②

39頁参照

スズキを三枚におろし、切り身にする。皮目に細かく切り込みを入れ、薄塩をあててしばらくおく。酒で洗い、水気をふき取る。酒、ミリン、濃口醤油を同割で合わせた地に20分ほど漬ける。やや身をうねらせながら金串で平串に打ち、焼く。遠火の強火で、皮目を3分通り焼き、裏返して身を焼く。焼き上がりに、あたりゴマにおねば(粥の)少量をあわせ、少量の塩と淡口醤油で味をととのえたたれをぬり広げ、乾かす程度に焼き上げる。

粟麩を適宜に切り、金串を打ち、軽く焼き目をつける。田楽味噌(赤

味噌に砂糖、ミリン、酒を加えて火にかけ、艶が出るまで練ったもの)をふんわりとのせて焼き上げ、ケシの実をふる。金串を抜いて、竹の田楽串に打ち替える。

鯛黄身焼 ①
お多福《たふく》豆② 焼き青唐《ししとう》③

41頁参照

タイを三枚におろし、小さめの切り身にする。薄塩をあててしばらくおく。酒で洗い、酒、ミリン、濃口醤油を同割で合わせた地に20

分ほど漬け込み、金串で串を打つ。中火で、裏表を返しながら焼く。焼き上がりに温泉玉子の黄身と生卵の黄身を合わせ、酒、ミリンでほどよくのばした黄身衣をかけ、弱火で焼く。表面が乾いたら、再び黄身衣をかけて焼く。3〜4回くり返して仕上げる。

乾燥ソラマメを重曹入りの水に一晩浸してもどす。重曹をまぶして30分ほど置いてから、水に入れてやわらかくなるまでゆでる。冷めたら、ふたたび水を張り、煮立てないように弱火で煮る。これを2回くり返し、重曹の炭酸気をぬく。砂糖、酒、水を加えて1時間ほど炊き、濃口醤油少量を加えて20分ほど炊く。

シシトウを焦げ目がつくまで網焼きにし、素塩をふる。

●貝・甲殻類

森本泰宏

●有馬温泉 古泉閣

蛸煎り味噌焼

黒豆味噌　葱　枝豆

42頁参照

タコを水洗いして足をばらし、ダイコンで叩く。吸盤を残して皮をむき、吸盤を下にして、蛇腹に包丁する。フライパンにサラダ油を引き、タコを入れ、火を入れる。壷に油焼きしたタコと、黒豆味噌、サヤ、甘皮をむいたエダマメ、ネギをからめ入れ、奉書紙で目張りして、オーブンで焼く。

帆立貝雲丹焼

ひも肝揚げ　あおさ餡

43頁参照

ホタテ貝の身とヒモを取り出し、貝柱と肝、ヒモに分ける。貝柱を適当なさいの目に切り出し、生ウニとざっくり混ぜ、つなぎに昆布だしでゆるめたすり身を合わせ、山に積む。塩をふり、天火で焼く。上がりに醤油を落とす。器に盛り、肝の裏ごしに天ぷら粉を合わせて、肝衣にし、ネギを刻み入れ、中温のサラダ油でじっくり揚げた掻き揚げを添える。あおさ餡（濃いめに仕立てた銀あんに生の青海苔を入れて、色がとばないようにさっと火を入れたもの）をかける。

伊勢海老養老焼①

煎り唐墨　金箔②

43頁参照

伊勢エビを殻からむいて上身とし、背ワタをとり、適当に切り分ける。若狭地に漬け、串を打ち、八分《ぶ》通りくらいまで焼く。天板に取り、ツクネイモのすりおろしにメレンゲを混ぜ合わせて、塩で味をととのえた生地を上からかける。天火であぶる。上がりに煎りカラスミ、金箔を散らし、仕上げる。

久保田完二

●割烹八寸

蟹真丈《しんじょう》①

松茸佃煮②

44頁参照

タイとハモの上身をすり鉢です

り混ぜて、すり身を作る。卵白、すりおろしたツクネイモ、浮き粉を加え、だしでのばす。流し缶に流し、松葉ガニの身を並べて、20分間蒸して蒸し上げる。流し缶からはずして、串打ちし、下火で焼いて焼き目をつける。上側はカニの色がとばないよう、上火でさっとあぶる。

マツタケは出始めの親指くらいのサイズのものを使う。酒、砂糖、昆布、煮干し、濃口醤油で煮つめる。

鮑《あわび》 肝焼 ①

春菊と菊花の浸《ひた》し②

44頁参照

アワビを塩みがきして、殻からはずす。身から肝をはずし、しごいて中身を鍋に取る。酒、濃口醤油を加えて火にかけ、どろりとするまで煮つめる。

アワビの身をやや斜めに切り分け、鹿の子に包丁を入れる。両褄に串を打ち、焼く。火が通ったら肝だれを2回かけ焼きにする。上火であぶり、焼きすぎると固くなるので、肝だれをぬったらさっと焼くのにとどめる。

二番だしに酒、ミリン、淡口醤油を加え、吸い地あたりとする。色出ししたシュンギクと菊の花を漬けてお浸しにする。

ばい貝西京漬 ①

生姜鼈甲《しょうがべっこう》煮②

45頁参照

バイ貝を酒蒸しにする。田楽味噌を酒でのばし、上火で焦げ目をつける。仕上げに木ノ芽をふる。

ショウガをさっとゆで、酒、砂糖で甘めに炊く。醤油を加えて飴色になるまで煮つめる。

平貝 雲丹《うに》利休焼 ①

干し椎茸胡麻煮②

45頁参照

粒ウニに卵黄を加えて、すり鉢でする。酒を加えて、濃度を調整する。

タイラ貝に平串を打ち、上火であぶりながらウニだれをハケでぬっては乾かすように焼く。乾いたらぬる作業を5回繰り返す。焼き上がりにゴマをふる。

もどした干しシイタケを酒、醤油、砂糖でうす味に炊く。すりゴマで和える。

長島 博

●築地本願寺 紫水

水蛸燻《いぶ》し焼 ①

長芋燻し② オリーブ③

イタリアンパセリ④

46頁参照

水ダコの足に塩をまぶしてぬめりをしごき取り、水洗いする。鹿の子に包丁を入れ、ソミュール地（塩分と甘みが強い燻製用の漬け

地）に漬ける。平串を打ち、遠火の強火で、裏表を返しながら、八分《ぶ》焼きにする。

串を抜き、サクラチップ、番茶の葉、赤ザラメ、小麦粉を入れた燻製器で2分程度燻《いぶ》す。酒塩湯でゆがいた水ダコの吸盤を添える。

長イモは皮をむいて厚めの輪切りにする。立て塩に20～30分間浸す。表面が乾く程度に焼いて軽く焦げめをつけ、ミズダコと同様に燻製器で燻す。

黒オリーブの塩漬、イタリアンパセリを添える。

帆立酒盗《ほたてしゅとう》焼 ①
石川芋田楽② シブレット③
47頁参照

ホタテ貝を殻からはずして貝柱をとり、立て塩で洗う。水気をふき取り、カツオの酒盗（市販品）

を酒で煮溶かして水でのばし、酒、塩、昆布を入れ、立て塩程度に味をととのえた地に、一晩漬け込む。平串を打ち、近めの中火で両面を焼き、火を通す（火を入れすぎて、縮まないように注意する）。片面に煎り酒盗（カツオの酒盗に卵黄を混ぜて湯煎にかけながら2回ほど裏ごしし、再び湯煎にかけて水分をとばし、粉状にしたもの）をふり、シブレットを添える。

石川小イモの皮をむき、かくしに砂糖を加えた淡口八方で柔らかくなるまでゆでる。田楽味噌（赤味噌に砂糖、ミリン、酒を加えて火にかけ、艶が出るまで練ったもの）をのせる。

車海老鬼瓦焼 ①
銀杏松葉さし②
47頁参照

車エビ（巻エビ）は尾の方から頭ごと背割りにする。背ワタを除く。金串で平串を打ち、やや近火の中火で身を軽く焼いてから殻側を軽く焼き、再び裏返し、酒、濃口醤油を同割に合わせた地を、2～3回かけながら焼き上げる。途中、尾が焦げないようにアルミホイルをかぶせる。焼き上がりには

ずし、粉山椒をふる。

ギンナンは鬼皮と薄皮をむき、素揚げにする。素塩をふり、松葉に刺す。

渡り蟹甲羅《こうら》焼 ①
巨峰白酢かけ②
48頁参照

ワタリガニを塩ゆでし、冷めたら身をとり出し、粗めにほぐす。

びしゃ玉（卵黄にサラダ油を少しずつ加えて撹拌し、塩、淡口醤油で味をととのえたもの）に、すり身を1割ほど合わせ、あらかじめ吸い地（一番だし、淡口醤油、塩）で煮含めて、素揚げにしておいたギンナンと、シイタケ、ニンジンの細切りを混ぜ合わせ、塩、コショウで味をととのえる。甲羅に詰め、

180℃のスチームコンベクションオーブンで12～13分、焼く。

巨峰を軽く湯通しして皮をむく。半分に切り、白酢（豆腐を裏ごしし、酢、淡口醤油、砂糖、レモン汁で味をととのえる）を挟む。

牡蠣《かき》柚子釜焼 ①
酢取り生姜②
49頁参照

黄ユズを天地3対7の割合で切り、くりぬき器で中をくりぬいて柚子釜を作る。カキを殻からはずしてダイコンおろしで洗い、流水でダイコンを洗い流す。

フライパンにサラダ油をひき、カキ、車エビ（身を適宜に切り、酒塩でゆでたもの）、シメジ、ギンナンの素揚げを入れて炒める。

白玉味噌（白ミソと全卵をあわせ、ミリン、砂糖を加えて火にかけ、艶が出るまで練ったもの）にバターを少量合わせ、炒めた具材をからめて柚子釜に入れる。表面に焦げ目がつくまで、軽く焼く。

ハジカミショウガを酢少量を入れた湯でさっとゆでて色出しし、ザルに上げて軽く塩をふる。冷めたら甘酢に1時間ほど浸す。

●肉

森本泰宏

●有馬温泉 古泉閣

鳥難波《なんば》焼 ①

50頁参照

青唐辛子②

鶏モモ肉の皮目に金串で針打ちし、皮目を下にしておく。身を包丁で、筋がかからないように厚みを均等にしながら開き、薄塩をあててしばらくおく。三割たれに、焼いた鶏ガラ、タマネギのすりおろし、砂糖を混ぜ、1割ほど煮つめた地を合わせ、冷ます。このたれに30分くらい漬ける。地から引き上げ、よく地をきる。皮に切り込みを入れ、白ネギを芯にして巻き、串を打つ。両端を凧糸でしばり、強火の遠火で芯まで火を入れる。串を打ち替え、全面くまなく焼く。頃合の焼き目がついたら、漬け地のたれをかけながら艶よく焼き上げる。

シシトウの種をとり、数本揃えて金串に刺し、油に通す。直火で焼き、冷水に落としたのち、よく水気を除き、一杯醤油で洗う。

鴨四升漬《ししょうづけ》浅葱《あさつき》焼

50頁参照

カモの胸肉を掃除して、筋をとり、皮目に串打ちし、薄塩をあてる。鴨肉1に対して、麹1、濃口醤油1、ミリン1（合計4升となる）の地で漬け込む。引き上げて玉酒で洗い、平串を打ち、中心がロゼ色になるように、天火で焼き上げる。しばらくおいて落ち着かせたのち、切り出す。天板にのせ、アサツキをたっぷりとのせ、天火でさっとあぶる。器に盛り、たれをかける。

すっぽん身巻き卵 ①

51頁参照

共出汁餡《ともだしあん》② 生姜③ 芽葱④

スッポンをほどいて、酒、水、昆布、卵の殻で1時間炊いてもどす。もどしたスープに淡口醤油、塩を加え、下味をつけておく。卵を割りほどき、だし、淡口醤油をだし巻き玉子の要領で合わせ、スッポンのもどし身、スープを加える。巻き鍋で巻き焼き、具だくさんなだし巻き玉子を作る。

切り出して、天火で焼いたスッポンのもどし身やエンペラ、芽ネギを天盛りにし、共地餡（スッポンのスープに葛引きしたもの）をかけ、おろしショウガを添える。

五味五薫焼

51頁参照

雪姫ポーク

雪姫ポーク（兵庫県霜降り豚肉生産協議会会員が生産するブランド豚）の三枚肉を適当な大きさに切り出し、フライパンで全体に焼目をつける。油抜きのためにおかゆでもどし、玉酒、黒砂糖、濃口

醤油で下味をつける。
炊いた三枚肉を天板に並べ、5種類の香辛料（サンショウ、ゴマ、ショウガ、ネギ、陳皮）、白ミソ、砂糖、酒を混ぜ合わせた地をぬり、上火で焼く。根菜のすり流し（丸のタマネギを網にのせ、１８０℃のオーブンで焼く。皮をむいてとろとろになった身を鍋に入れる。ジャガイモを塩蒸ししてつぶし、これも鍋に入れる。豆乳を加えてのばす）を皿に敷く。

久保田完二
● 割烹八寸

丸《まる》のつけ焼 ①
しし唐②

52頁参照

スッポン（丸《まる》）をほどき、アラを酒、濃口醤油、ミリンで煮てたれを作る。このたれにスッポンの身を1時間くらい漬ける。串打ちして、中火の遠火でじっくりと焼く。
シシトウをさっと焼いて、醤油をかけて花ガツオをふる。

鶉《うずら》の身丸《がん》 竹盛

53頁参照

ウズラを一枚に開いて骨をはずす。身に平串を打ってたれ焼きにする。たれは、酒、ミリンに鶏の皮を加えて煮てコクをつけ、濃口醤油を加えたもの。
ウズラの骨を3度挽きにし、すり鉢で骨がわずかに歯に当たるくらいまですりつぶす。ショウガの搾り汁、タマネギのみじん切り少量、卵黄、浮き粉を加える。丸《がん》にとって湯に落とす。竹串を打って、身と同様にたれ焼きにする。
青竹から切り出した器に盛り、粉ザンショウをかける。

長茄子鴨挟み焼 ①
木の芽②

53頁参照

長ナスの皮を虎むきにする。片栗粉を打って、鴨の胸肉のそぎ身を二枚のせる。挟み串をして焼く。鴨のたれ（酒、ミリンを鍋に合わせ、焼いた鴨の骨を加えて15分くらい煮る。濃口醤油を加える）でかけ焼きにする。木ノ芽をのせる。

長島 博
● 築地本願寺 紫水

牛ロース山葵焼 ①
焼無花果《いちじく》②

54頁参照

牛ロースを適宜に切り、両面に焼き塩をあて、焼き網でレアに焼く。焼き上がりでひと口大に切り、水気を切ったダイコンおろしとワサビ、うま味調味料、淡口醤油で味をととのえ、軽く混ぜ合わせたものをのせる。ワサビに焼き色をつくまで、バーナーであぶる。
イチジクの皮をむき、縦半分に切る。切った断面のみ、焼き網で焼き色がつく程度まで軽く焼く。イチジクの断面を上にして牛ロースをのせ、イチジクのソース（イチジクを皮付きのままシロップ煮にして、フードプロセッサーにか

ける。砂糖をさらに加えて煮つめ、再びフードプロセッサーにかけてソースにする)をかける。

鴨、松茸、山椒焼 ①
柿梨市松②
55頁参照

鴨の胸肉を掃除し、そいでへぎ身にする。汚れをとり、縦4分の1にさいたマツタケを3本、芯にして巻き、金串で平串を打つ。たれ(煮切りミリン4、濃口醤油6の割合であわせ、砂糖少量を加え

たもの)を、かけながら焼く。3回ほどくぐり返し、艶よく仕上げる。焼き上がりに粉サンショウをふる。

カキとナシは、それぞれ皮をむき、拍子木に切る。巻き簾に龍皮昆布を広げて酢でふき、カキとナシを市松模様になるように重ね、芯にして巻く。適宜に切る。

●野菜・加工品

森本泰宏
●有馬温泉 古泉閣

最中《もなか》百合根 ①
黒松露《しょうろ》②
56頁参照

大葉ユリ根を掃除し、立て塩に5時間浸けたのち塩蒸ししておく。フォワグラのテリーヌ(市販品)にユリ根を蒸して裏ごししたものを加え、つなぎに餅粉を混ぜる。丸取りし、先の大葉ユリ根の塩蒸しに抱かせて形を整える。天火でまんべんなく焼く。

黒松露の旨煮(トリュフをだし6、淡口醤油1、酒1で水分をとばすようにころころと転がしながら煮る)の薄切りをちらす。

粟麩たれ焼 ①
酢取り茗荷②
57頁参照

粟麩を板状に包丁し、三割たれに白ミソを加えた地を合せ、10分ほど仮漬けする。地から上げ、地をよくふき取る。粗いせんに切った白ネギを芯にして粟麩を巻きつけ、串を打つ。弱火で焼くと膨張するので、強火で焼く。焼き目がついたら、照り焼のたれ(88頁参照)を3回ほどかけ焼きする。焦げやすいので注意する。串を楊枝に変えて、フライパンで焼いてもよい。天に有馬山椒の青煮を添える。

海老芋大徳寺焼 ①
焼き枝豆② 菊膾《なます》③
57頁参照

海老イモの皮をむいて二番だし、酒、ミリン、淡口醤油少量で含ませ煮にし、地をきっておく。大徳寺納豆をひたひたの煮きりミリンに浸け、柔らかくなったらつぶす。海老イモを天板に並べ、天火の強火で焼く。大徳寺納豆の地をぬって天火で焼く。

エダマメをさやごと下ゆでして、焼き網にのせて直火で塩焼きする。菊膾(黄菊、紫菊をさっとゆで、固く絞って、だしで割った土佐酢に浸ける。キク菜の浸しと和える)を添える。

松露椎茸照り焼 ①
千社塔《ちしゃとう》②
58頁参照

中粒のシイタケの軸をとり、砂糖水に漬け、もんで腰を折る。ガーゼで締めるようにして、丸く松露状にしぼり、凧糸で止め、冷凍する。凍ったまま二番だし、酒、淡

口醤油、ミリン、砂糖、塩少量を張った鍋に入れて炊き、下味をつけて、味を含ませる。冷めたらガーゼをはずし、三割だれに白ミソ、砂糖を加えた地で照り焼きする。
チシャトウを色出しして白ミソに煮切りミリンを加えた味噌床に漬ける。切り分けてシイタケと交互に串に刺し、盛る。

長芋味噌焦がし　①
針柚子②
58頁参照

ナガイモを皮つきのまま汚れを水洗いし、ひげ根を焼き取る。10cmくらいに縦割りし、酢水に浸けてあく止めする。昆布だし、酒、ミリン、白醤油で煮物加減で炊き、下味を含ませる。皮を上にして串を打ち、強火で焦げ目が付くくらいに焼き、柚子味噌を塗って焼き上げる。天に針ユズを添える。

吉祥吾運《きっしょうごうん》焼
にんじん　れんこん　ぎんなん
なんきん　きんかん　胡麻麹だれ
59頁参照

塩、腰を抜いた卵白、片栗粉を練り合せ、ぬらしたガーゼを敷いた器に入れる。電子レンジで数回加熱し、徐々に乾かす。熱くて柔らかいうちに器からはずして宝珠型の塩釜とする。

人参梅煮（カツオだし、酒、淡口醤油、ミリン、砂糖、梅干しで煮る）、蓮根餅丸（レンコンをすりおろし、餅粉を1割混ぜて、丸め、油で揚げる）、南京丸の味噌漬（カボチャを丸くくりぬき、蒸して白ミソ、ミリンの味噌床に漬ける。天火であぶって焼き目をつける）、外郎《ういろう》銀杏《ぎんなん》（ギンナンを蒸して色出しし、裏ごしにかける。上新粉、小麦粉、水を加え混ぜ、丸くとって蒸す）、金柑の道明寺鋳込み（キンカンをゆでてあく抜きし、八方地で煮る。道明寺粉を芯に詰め、ガーゼで茶巾に包んで蒸す）を塩釜に入れ、オーブンで温める。

戻し麹（麹を水に入れて、ジャーで保温し、甘酒になる手前くらいまでもどす）にあたりゴマ、ぽん酢、醤油、腐乳を混ぜ、たれを作る。

ここでは塩釜の中に入れる具材は縁起のよい、運（ん）のつく5種類の野菜にしたが、魚や肉などを入れて一人用の塩釜としてもよい。

栗豆腐葛焼
煎り酒　山葵
59頁参照

クリはゆがいて割り、実を取り出して裏ごしにかけてペーストにしておく。

昆布だし5に葛1を火にかけ、胡麻豆腐を練る要領でやや固めの葛豆腐を練る。栗のペーストを加えて、かくしに塩、砂糖を加える。これを流し缶に流して冷やし固め、栗豆腐を作る。適当な大きさに切り出し、栗の粉をまぶし、フライパンで金つばのようにして焼く。煎り酒をかけ、ワサビを添える。

久保田完二
● 割烹八寸

椎茸三笠焼　①
金柑②
60頁参照

細かくきざんだゴボウとニンジ

ンを炒め、砂糖、塩、淡口醤油少量を加える。おから、二番だし少量を加え、色をつけないように炊く。

大ぶりのシイタケ2枚の軸を取り、傘の裏にすり身をぬる。おからをぬって、二枚のシイタケで挟む。奉書紙でくるみ、アルミホイルで包む。炭火の中に入れて焼く。

キンカンをゆでて、砂糖で10～15分間くらい煮る。仕上げにブランデーを加える。

湯葉二十枚巻西京焼①
才巻海老② 柚子③

60頁参照

ユバを二重数枚重ねて棒状に巻き、3cmほどの厚さに切り分ける。白の粒ミソ、酒、ミリンを合わせ、ガーゼを敷いて味噌床とする。ユバをのせ、上からもミソを盛り、一日漬ける。平串を打って焼く。針ユズをのせる。

才巻エビを塩ゆでにして、二番だしに塩、ごく少量の淡口醤油、ミリンを加えた地で地漬けする。

田楽
柚子味噌 木の芽味噌 赤味噌

61頁参照

小カブを下ゆでし、二番だし、塩、淡口醤油少量で軽く炊き、岡上げして色どめする。田楽味噌にユズのすりおろしを加えて柚子味噌を作り、竹串を打った小カブにぬって上火で焼く。

ヨモギ麩を下ゆでして、二番だしで軽く炊き、醤油と砂糖を加える。串を打ち、玉味噌にすりつぶした木の芽とホウレンソウの青寄せを加えた木の芽味噌をぬって、上火で焼く。

小イモを下ゆでし、二番だしにカツオ節と煮干しを加え、塩で味をつけた地で軽く炊く。八丁ミソと白ミソを同割で合わせ、砂糖、ミリン、酒を加えて火にかけ、練り上げる。小イモにぬって上火で焼き、焼き上がりにケシの実をふる。

豆腐蒲焼①
花百合根②

61頁参照

豆腐を押して水気をきり、裏ごしする。ときほぐした卵黄を加え混ぜる。ウナギの皮に見立てて海苔を広げて、身に見立てた豆腐の生地をぬる。薄力粉をつけて、140℃の米油で揚げる。次第に温度を上げて、水分が抜けきってしまわないうちに引き上げる。海苔がはがれないように、油揚げのようにふくらまないように気をつける。

赤ミソの田楽ミソを酒でのばし、豆腐蒲焼に軽くぬる。上火で乾かすように焼き、叩き木の芽をふる。

花型にむいたユリ根を蒸して、熱いうちに冷たいシロップに漬ける。

長島 博

●築地本願寺 紫水

太刀魚《たちうお》けんちん焼①
柿百合根②

62頁参照

タチウオを三枚におろし、切り

身にする。薄塩をあててしばらくおく。酒で洗い、水気をふき取る。絞り豆腐（水気を絞った木綿豆腐）に、1割ほどの生身（白身魚のすり身）とおろしたヤマイモ、卵黄を混ぜ合わせ、淡口醤油、塩で味をととのえる。細切りにし、八方だしで煮含めたニンジンとシイタケを混ぜ合わせる。巻き簾で棒状に形を整える。

巻き簾に皮目を下にしてタチウオをのせ、棒状のけんちん地をのせてひと巻きにする。断面を平らに整える。串打ちし、遠火の強火で上下に返しながら、中まで火が通るようにじっくりと焼く。串を抜き、焼きむらがないように、仕上げにバーナーで焦げ目をつけ、半分に切る。

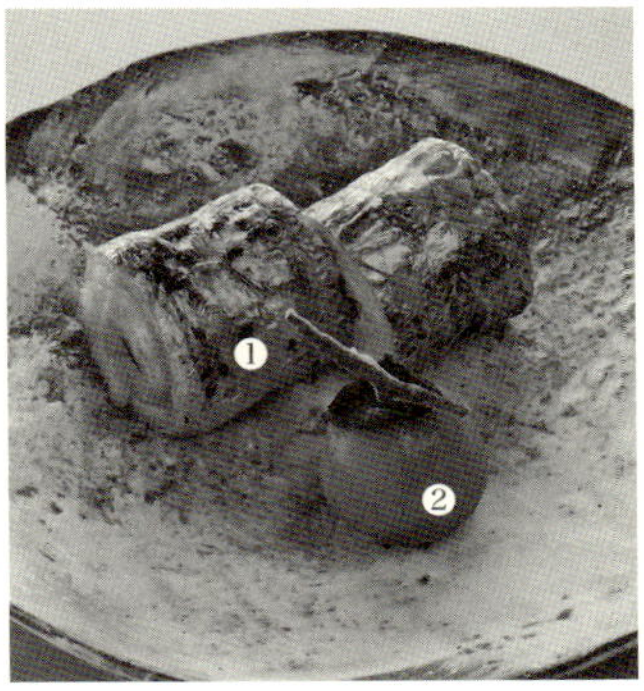

ユリ根を蒸し、京ニンジンを昆布だしで柔らかく煮る。それぞれ裏ごしし、塩、砂糖でやや甘めに味をととのえる。色の加減で割合を調整して混ぜ合わせ、柿の形を模して丸める。シロップ（砂糖と水を煮つめたもの）をぬり、照りをつける。

柿のヘタ（黒キクラゲをもどしてシロップ煮にし、形を整えたもの）と枝（小さなT字形に切ったゴボウをゆで、片栗粉をまぶして油で揚げて素塩をふったもの）。を刺す。

魳丹波《かますたんば》焼　①　62頁参照

床節椎茸②　はじかみ生姜③

カマスを三枚におろし、切り身にする。薄塩をあててしばらくおく。酒で洗い、水気をふき取る。酒、濃口醤油、ミリンを同割で合わせた地に12～13分ほど浸ける。両褄に折り、金串で串を打つ。遠火の中火で、表裏を返しながらじっくりと焼く。通常の蜜煮よりも半分程度の甘さに炊いたクリの蜜煮を裏ごしする。裏ごした粒をつぶさないように、串を抜いたカマスの皮目にこんもりとのせる。軽く焼き色がつくまでバーナーであぶる。

シイタケの軸を切り取り、裏側の縁から数㎜ほどのところに、ぐるりと切り目を入れ、端を少しだけつなげたまま残す。中央の縮んだ傘の白い部分に豆腐地（豆腐、すりおろしたヤマイモ、砂糖、塩、淡口醤油で味をととのえたもの）をぬり入れ、蒸す。たれ（酒、醤油、ミリン、信州ミソ、白ミソ、砂糖を合わせたもの）を1～2回ぬり、上火で乾かしながら焼く。

ハジカミショウガを酢少量を入れた湯でさっとゆでて色出しし、ザルに上げて軽く塩をふる。冷めたら甘酢に1時間ほど浸す。

甘鯛湯葉焼　①　63頁参照

柿絹田《きぬた》巻②　わさび菜③

アマダイを三枚におろし、切り身にする。薄塩をあててしばらくおく。酒で洗い、水気をふき取り、酒、ミリン、濃口醤油を同割に合わせた地に15分ほど浸ける。両褄折りにして金串で串を打ち、遠火の強火で、九分《ぶ》通り火を通す。

バットにアルミホイルを敷き、汲《く》み上げ湯葉を上火で水気をとばす程度に火を入れる。アマダイの串を抜いてバットにのせる。水気をとばした湯葉をのせ、上火で焦げ目がつく程度まで焼く。仕上げに鼈甲《べっこう》あん（たまり醤油、濃口醤油、砂糖、塩を合わせて、葛でとろみをつけたもの）を薄くぬり、乾く程度に焼き上げ、艶よく仕上げる。

ダイコンをかつらむきにし、立て塩に浸けてから甘酢漬けにする。巻き簾にダイコンを広げ、拍子木切りにしたカキを芯にして巻き、適宜に切る。ゆがいて色出ししたワサビ菜とともに添える。

鮑《あわび》①大根フォアグラ焼② 63頁参照
マイクロトマト③ セルフイユ④

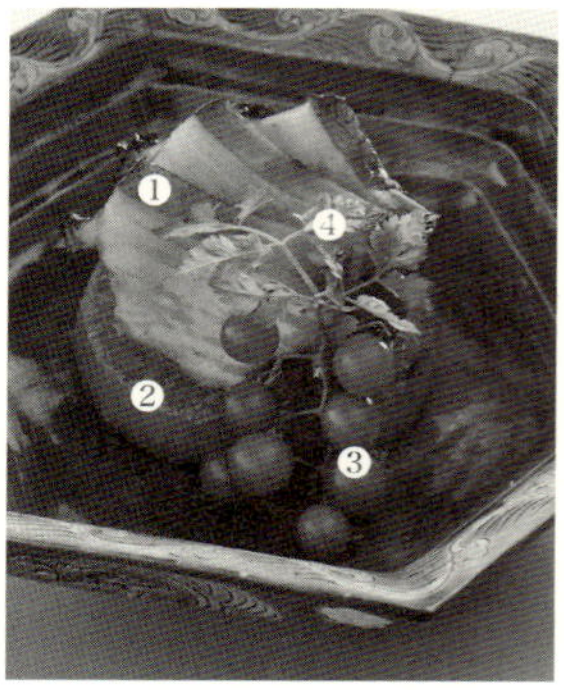

アワビを塩磨きし、適宜に切ったダイコンをのせて柔らかくなるまで2~3時間蒸す。殻から身をはずし、肝をはずす。蒸した地はこしておく。身をそぎ切りにする。

ダイコンは皮をむき、輪切りにして面取りし、白湯(米のとぎ汁)でゆでる。先の蒸しアワビを漉した地を昆布水(水出しした昆布だし)でのばし、淡口醤油で味をととのえた地で煮含める。

アワビ、ダイコンに、それぞれ打ち粉をする。フライパンにサラダ油少量を引いて、アワビをさっと軽く焼く。ダイコンも同様に焼き、酒でのばして溶かしたフォワグラのテリーヌ(市販品)をぬり、上火で表面を乾かす程度に焼く。

マイクロトマト、セルフイユを添える。

鰆湯葉① 63頁参照
焼栗② はじかみ生姜③

精進料理の擬製(もどき)料理の代表的な一品で、豆腐と湯葉、海苔でサワラに見立てる。(小社刊『精進料理 野菜と乾物を生かす』参照)

カンピョウをもどして柔らかくゆで、きざみ、ゴマ油で炒める。

木綿豆腐を耳たぶくらいの固さに水切りし、すり鉢ですってなめらかにし(またはフードプロセッサーにかける)、すりおろしたヤマイモ、砂糖、塩、淡口醤油を加える。カンピョウを混ぜ、抜き板に移してきれいに整える。まな板にたぐり湯葉を広げ、この豆腐地をつけ包丁で7cmほどにとって右端にのせる。鰆の身のようななだらかな形に整える。湯葉の右端につけ包丁を入れ、2回ほど返して豆腐地に湯葉を巻いていく。あとひと巻き分を残してとめ、湯葉に水溶き片栗粉をぬる。ここに7cmに切った海苔をのせて貼りつけ、海苔の上にも水溶き片栗粉をぬる。この海苔が皮目となる。最後にひと巻きし、海苔と湯葉をしっかりとくっつける。

豆腐地に火が入るまで中火で15分蒸す。冷めてから、切り身のように切り分ける。同割粉(片栗粉と薄力粉を同割であわせたもの)を打ち、こんがりと揚げる。

酒2、ミリン1、濃口醤油1、砂糖、信州ミソ、白ミソを合わせて煮立て、薄葛をひいてタレとする。鰆湯葉の両面にたれをぬりながら天火で焼く。

クリは鬼殻と渋皮をむき、米のとぎ汁でゆでる。塩をふり、天火でさっとあぶる。

ハジカミショウガを酢少量を入れた湯でさっとゆでて色出しし、ザルに上げて軽く塩をふる。冷めたら甘酢に1時間ほど浸す。

●応用編

森本泰宏
●有馬温泉 古泉閣

焙烙《ほうらく》焼① 64頁参照
松茸② 伊勢海老③ 銀杏④
大黒しめじ⑤ かぼす⑥

ほうらくに塩を敷き、松葉を散らす。伊勢エビの梨割りに振り塩して八分通り焼いたもの、酒塩に浸けて焼いたマツタケと大黒シメジ、塩煎りのギンナンを盛りつけ、蓋をして温める程度に蒸し焼きする。カボスを添える。

神戸牛焼しゃぶ① 64頁参照
松茸② 葱③ かぼす④
焼塩⑤ 山葵⑥ 黄身おろし⑦

辛子醤油⑧ ぽん酢⑨

神戸牛のロース肉、マツタケ、白ネギを炭火で焼きながら、辛子醤油とぽん酢で食べていただく。卵黄を混ぜたダイコンおろしとワサビ、焼き塩を添える。

照り葉焼① 65頁参照

松茸② 平茸③ しめじ④ 舞茸⑤
車海老⑥ 栗⑦ 銀杏⑧ 身白酢

酒塩に浸けたキノコ類、ゆでて色だしした車エビ、半分に割って蒸したクリを照り葉とともに箕かごに盛る。焜炉《こんろ》で焼きながら、別添えの身白酢（鯛の焼き身をほぐし、豆腐、柑橘の搾り汁、ぽん酢と一緒にフードプロセッサーで長時間回し、とろっとさせたもの）をつけながら食べていただく。

久保田完二 ●割烹八寸

塩釜焼① 66頁参照

柿白和え② 錦玉子③ 八幡《やわた》巻④
栗甘露煮⑤

活けのタイ（1・2kg）の内臓をつぼ抜きにする。塩をあてて一日寝かせておく。

卵白をメレンゲになるまで泡立てて、塩を加える。タイの上にかぶせる。眼のところは塩をぬらずに空けておき、ここを使って火の通り具合を見る。身には串でうろこの模様を描く。200℃のオーブンで20分間くらい焼く。

豆腐をすり鉢ですり、塩、砂糖、かくしにあたりゴマを加える。さいの目に切ったカキの実と和え、すだち釜に盛る。イクラを飾る。

サワラを酒、ミリンでのばした粒ミソの味噌床に3日間漬ける。ほぐして、ゆで玉子の白身と混ぜ合わせる。流し缶に流して、蒸し上げる。上がってきた水気をふきとり、ゆで玉子の黄身の裏ごしをのせて2層にし、再び蒸す。

ゴボウをゆでて4つ割にし、ウナギを巻きつける。串打ちして、ウナギのたれをぬって焼く。

クリの鬼皮と渋皮をむく。クチナシでゆでて色をつける。グラニュー糖とハチミツを煮溶かして、ブランデーを加える。このシロップでクリを10分間煮て甘露煮にする。上火であぶって焼き目をつける。

鱒《ます》の祐庵《ゆうあん》焼① **筍つけ焼**② 67頁参照

柚子釜 いさざ③ 枝豆の裏ごし④

三枚におろしたマスを切り身にする。酒、ミリンを煮きって、濃口醤油を加えて冷まし、祐庵地とする。この地にマスを30分間浸けたのち、引き上げて水気をふき、波串を打つ。祐庵地でかけ焼きにし、焼き上がりに叩き木ノ芽をふる。はじかみの軸の部分を添える。

白子の筍の皮をむき、蒸す。串打ちして焦げ目がつくまで焼く。淡口醤油、濃口醤油、多めのミリンを合わせて、煮立たせる。追いガツオ、さし昆布をする。このたれをタケノコに2回くらいかけて焼き上げる。木ノ芽をのせる。

酒にザラメを加えて煮溶かす。濃口醤油、梅干しを加えて火にかけ、沸いたらイサザを加える。煮つめて、煮汁をからませるように炊き上げる。柚子釜に盛る。

エダマメをゆでて、裏ごしにかける。少量の塩味をつけ、丸めて串に刺す。

長島 博

●築地本願寺 紫水

焼物八寸

68頁参照

鯛姿焼① 伊勢海老雲丹焼②

焼松茸③ 酢取り蓮根④

はじかみ生姜⑤ 酸橘《すだち》⑥

タイ（５００ｇ）のウロコとエラを除き、内臓をつぼ抜きする。充分に水洗いし、水気をふき取る。一枚は身を頭につけたまま、三枚におろす。ダイコンに金串数本を通して、針打ちの道具とし、タイの表面にまんべんなく針打ちをする。昆布を入れた立て塩に20分程度浸ける。化粧塩をし、頭付きの上身を内側に巻き込んで褄折りにする。もう一方の上身も同様に巻き込んで褄折りにして並べ、頭と尾で包み込むように形どる。尾から頭の方に末広に2本、横にも2本串を打って安定させる。１８０～２００℃のコンベクションオーブンで15分間焼く。そのまま冷ます。

提供直前に、遠火の強火で焼いて温めながら焦げ目をつける（尾は焦げやすいのでアルミホイルをかぶせ、焼き上がりにはずす）。仕上げにミリン醤油をひとハケぬり、艶よく焼き上げる。

伊勢エビの頭を落とし、頭と胴体をそれぞれ火が通るまで塩ゆでする。胴体から身をとり出し、ひと口大に切る。金串で串打ちし、練りウニと温泉玉子の黄身を合わせ、酒、ミリン、淡口醤油で味をととのえた衣をぬり、乾かす程度に強火の遠火で焼く。これを数回くり返す。

マツタケの石突きをとり、塩水で掃除し、充分に乾かす。縦半分に切り、手でさいて4等分にする。ぽん酢（ダイダイの搾り汁、濃口醤油、ミリン、昆布を合わせて2週間以上ねかせ、布ごしする）にからめ、ぬらした紙で包んであぶるように焼く。松の葉と一緒にワラで結ぶ。

レンコンは皮をむき、小口から薄く切る。塩少量を入れた湯で歯ごたえを残してゆで、ぬめりが出たらザルに上げて冷ます。甘酢に浸す。

ハジカミショウガを酢少量を入れた湯でさっとゆでて色出しし、ザルに上げて軽く塩をふる。冷めたら甘酢に1時間ほど浸す。

素材別索引

主素材
（一緒に焼いた具も含む）

あしらい
（香りの物は除く）

料理担当者紹介

森本泰宏《もりもとやすひろ》

1972年和歌山県生まれ。18歳で京都の「美濃吉」に入り、修業を開始。大阪の「一休」「きよまん」を経て、2003年に神戸の「西村屋元町茶寮」の料理長に就任。07年から「有馬温泉 古泉閣」に入り、10年より料理長を務める。

有馬温泉 古泉閣

兵庫県神戸市北区有馬町1455-1
078-904-0736

久保田完二《くぼたかんじ》

1976年京都府生まれ。実家は京都の名料亭「八新」の流れを汲む、昭和49年創業の板前割烹。18歳で東京・目白の「和幸」に入り、8年間修業を積み、最後は煮方を務める。2002年に実家に戻り、父の右腕を務める。

割烹八寸

京都市東山区祇園末吉町95
075-561-3984

長島　博《ながしまひろし》

1946年神奈川県生まれ。15歳で浅草の「大長」に入り、横浜の「つる家」で修業を積む。「たから会館」「橘亭」の料理長を経て、91年に「日本料理紫水」取締役料理長に就く。現在、同店取締役顧問。銀座「八彩懐石長峰」代表取締役。

築地本願寺 紫水

東京都中央区築地3-15-1
03-3544-0551

三上文邦《みかみふみくに》

1951年東京都生まれ。18歳で「日本料理幸」に入り、のち都内ホテル内のテナント天ぷら店などで務める。1990年から「横浜プリンスホテル」、2006年から「グランドプリンスホテル高輪」の天ぷら料理長。11年東京・西国立の「無門庵」を経て、13年に独立開業。

天ぷら みかみ

東京都立川市曙町2-23-5 第8グリーンビル2階
042-519-3273

撮影協力

東京燃料林産株式会社

東京都千代田区神田錦町3-17
03-3294-3311

株式会社鍵主工業

石川県珠洲市蛸島町1-2-146-1
0768-82-0780

東京ガス業務用厨房ショールーム
厨BO!SHIODOME

東京都港区東新橋2-14-1 NBFコモディオ汐留2階
03-5408-4355

角花豊

石川県珠洲市仁江町1－58
0768-87-2857

ジャパン・シーズニング株式会社

東京都中央区日本橋小網町3－18
スターコート日本橋2階
03-5623-2877

取材協力

一般社団法人全国燃料協会

東京都中央区銀座8-12-15
03-3541-5711

日本調理士金子一心会

東京都台東区上野6-1-6
徒町グリーンハイツ1004
3831-3385

シリーズ 日本料理の基礎
焼き物と塩の本

初版印刷　2013 年 11 月 5 日
初版発行　2013 年 11 月 20 日

著　者　日本料理の四季編集部編
発行者　土肥大介
発行所　株式会社 柴田書店
〒 113 − 8477　東京都文京区湯島 3-26-9　イヤサカビル
電話　営業部　03-5816-8282(注文・問合せ)
書籍編集部　03-5816-8260
URL　http://www.shibatashoten.co.jp
印刷・製本　大日本印刷株式会社

ISBN978-4-388-06178-5
Printed in Japan

東
御
03-